さくらんぼ教室メソッド

学研のヒューマンケアブックス

発達が気になる子の「できる」をふやす 国語

さくらんぼ教室は、いろいろな個性をもつ子どもたちが一人ひとりに合わせて学ぶ学習の場として1990年に活動を開始、現在は首都圏１４教室に幼児から社会人まで3200人の生徒が通う、にぎやかな学習塾です。一人ひとりに合わせた学習を積み重ねていくことによって、どの子も必ず成長できることを、これまでに出会った多くの子どもたちが教えてくれました。
34年間ずっと変わらないのは、子どもの発達段階に合わせたカリキュラムと教材、サポートがたくさんある楽しい学習の積み重ね。子どもたちは「自分にはできることがある」「ほかの人とちがうやり方でもいい」「苦手なこともいつか変わる可能性がある」ことに気づいていきます。
がんばって学習した経験は、子どもの将来を支える力になります。本書では、目の前の子どもの「できる」をふやす方法がたくさんあることをお伝えしたいと思います。

さくらんぼ教室代表　伊庭葉子

Gakken

CONTENTS

CONTENTS

第5章　さくらんぼ教室で学んで成長した子どもたち

巻末資料

はじめに

発達の道筋も、学び方も、一人ひとりちがいます。子どもたちが「できる！」「楽しい！」を感じることができるようにサポートしながら、学習の土台づくりをしましょう。

「できない」「わからない」は、子どものSOS

宿題をしている子どもが、「できない」「わからない」となかなか進められないのは、「やりたくないから」ではなく、その宿題の課題が「合っていないから」だと考えてみませんか。

「ちゃんとやりなさい」と無理にやらせることは、子どもにとってはサイズの合わない洋服を着せられるようなもの。「できない！」「わからない！」は、子どもからのSOSです。迷わずすぐに手助けをしてあげましょう。

子どもには子どもの理由がある

「おやゆびひめ」は「親指の形をしたお姫様」だと思っていた子がいます。なぜそう考えるのか、子どもには子どもの理由があるのです。「そんなわけないでしょ」ではなく、「なるほど、そう思ったんだね！」と理解することから始めましょう。ユニークな視点も、その子の大切な持ち味です。

「発達が気になる」ということ

「多様性」という言葉とともに、いろいろな個性をもつ子どもたちへの理解が広がっています。私たちの教室には、発達障がい（神経発達症）の診断をもつ子もいれば、「自分のペースで勉強したいから」という理由で通う子どもたちもたくさんいます。「ゆっくり発達する子」もいれば、「得意なことと苦手なことの差が大きい子」もいて、いずれも多数派の子どもたちに比べると、「学びや発達の道筋のちがい」があるのです。「ちがい」があることは、決してはずかしいことではなく、すてきなことです。今は脳の多様性（ニューロダイバーシティー）が尊重される時代。その子らしさを大切に、その子に合う方法で学ぶことによって、必ず成長します。

「発達が気になる」子どもたちの状況はさまざまですが、本書は、学習の場面で「多数派の子どもたちのカリキュラムでは学びにくい子」と広くとらえます。学校の「多数派の子どもたちに合わせたカリキュラム」に合わない子は、たくさんいます。「できない」のではなく、「合わない」のです。合わない学習を無理に続けて、子どもたちが「自分は勉強ができないダメな子だ」と思ってしまうほど、もったいないことはありません。「この子には、この子の学び方がある」ことに早く気づいて、早期にサポートしてあげましょう。

学習の土台をつくる

勉強をする目的は、何でしょうか。私たちは「その子らしく幸せに生きるため」だと考えます。まず大事なのは、子どもの心の健康と安定です。さらに、学齢期に身につけた基礎学力が土台となり、その先の「自分で考える力」「問題解決する力」につながっていきます。国語も算数も、小学校3・4年生くらいまでの内容は、その先の学びにつながる土台といえます。学校の勉強を追いかけるだけでは、力はつきません。日々の心の安定をはかったうえで、ゆっくりでいいので子どものペースで楽しく学び、しっかりとした「土台」をつくってあげましょう。

本書は、さくらんぼ教室の実践をもとに、「国語」の土台となる基礎学習（30の学び）をご紹介します。

第1章

「できる」を
ふやすために

子どもたちの「できる」をふやすコツをご紹介します。

国語の「できる」をふやす

国語は、日本語の文章を読んで新しい知識や考え方に出会い、言葉を学んで表現力を身につけていく教科です。生活の中で情報を収集し、多くの人とコミュニケーションをとりながら生きることに直結する教科だといえます。教科書の文章や学年相当の漢字だけにとらわれず、子どもの「読む力」「書く力」「言葉の力」に注目し、「できる」をふやしていきましょう。

サポートの大切さ

歩き始めた子どもが一人で歩けるまで、お父さん、お母さんはたくさんのサポートをします。一人で歩けるようになっても、危険な場所では手をつないだり、転んだときにはすぐに助けてあげたりしたことでしょう。しかし、それが「学習」となると、「子ども一人でやらせなくてはいけない」と考えがちで、「助ける」より「教えなくては」とあせってしまうことはないでしょうか。子どもが「できない」「わからない」を発信したら、手をつないでいっしょに歩くようにサポートしてあげてよいのです。読むことが苦手な子には「読む」ことをサポートし、書くことが苦手な子には「書く」ことをサポートします。「教える」より「手助けする」気持ちで、親子で楽しく取り組みましょう。

一人ひとりの「できる」をふやす、さくらんぼメソッド

さくらんぼ教室の指導のコツは次の6つです。子どもたちに合う（わかる）学びとサポートによって、楽しく学習が進められます。ご家庭でも、お子さんに合わせて取り入れてみてください。

①知る　何がどこまでできているかを知る（↓チェックシート　166〜171ページ）

「文字を読むこと」「文字を書くこと」「音読・文章読解」「作文」「聞く・話す・会話」「漢字」が、それぞれ、どこまでどのような方法でできているかをチェックし、どこにサポートが必要なのかを考えます。

②戻る・選ぶ　今の段階が合っていないと思われる子に

学年にこだわらず、その子が「できる」「わかる」ところまで戻り、「文字の読み書き」「文章読解」「作文」など、それぞれの段階に合う教材を選びます。

③調整する　「学びやすさ」のためのカスタマイズ

文字の大きさや問題数などを、その子に合わせて調整し、子どもが「やってみよう」と思えるようにカスタマイズします。（↓調整の例　13ページ）

④ サポートする　楽しく効果的な学習のために

調整した課題を、いっしょに取り組んだり、時にはやってみせてあげたりしながら、その子の理解や読み書きを手助けする方法を考えます。「できたね！」「その調子」など、声をかけたりほめたりすることも忘れずに。（↓サポートの例　14〜15ページ）

⑤ くり返す↓ステップアップ　定着のために

習得には時間がかかることを前提に、子どもが飽きてしまわないよういろいろな方法でくり返し学習します。ただ反復するのではなく、パターンを変えたり、時には戻ったり、日常生活と関連づけたりしながら、理解が深められるように、スモールステップで進めていきます。

⑥ 振り返る　「またやろう！」につなげるために

学習の最後に、大事な箇所を抜き出す、ノートに復習やミニテストをするほか、がんばったことを振り返り、子ども自身が「できた！」「またやってみよう」と感じられるようにします。学習の内容や量が、「本人に合っているか」「がんばらせすぎていないか」なども見直す機会をつくります。

どのように調整・サポートするのか？

③調整する ④サポートする の例をご紹介します。子どもにとって「やりやすい」「わかりやすい」か、本人の気持ちも聞きながら工夫していきましょう。

調整の例

- 筆記用具→子どもが使いやすい鉛筆・ノート・定規など。
- 内容→「できる」段階（学年）まで思いきって戻る。
- 時間→集中できる時間にしぼる。
- 場所→落ち着いて取り組める場所の選定・調整
- 文字の大きさ→読みやすい大きさ。
- 解答枠の大きさ→書きやすい大きさ。
- 読む・書く量→負担なく読み書きできる量。
- 問題数・練習回数→「できそう」と思える数。
- テンポ・リズム→子どものペースを考慮。

一段落ずつ音読し、内容をまとめていくとわかりやすい！

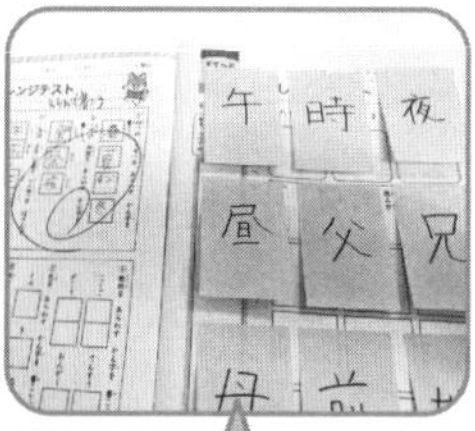

「思い出して書く」のが負担な場合は、「選んで書く」でもよい！

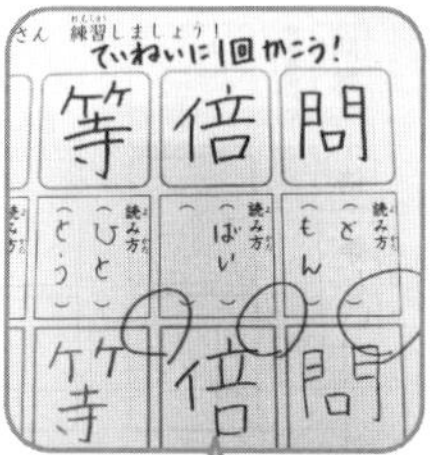

「何回も書く」ほうがよい子もいれば、「集中して１回書く」ほうがよい子もいる！

消して直すより、苦手な字だけ大きく書こう！

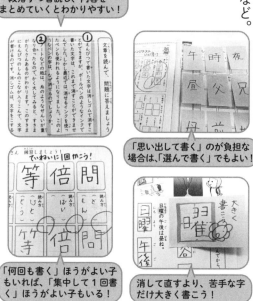

サポートの例

「理解」をサポート

・見える化↓大事なところ、プロセス、意味などが「見える」ように示す。

・イラスト化・図式化↓意味や状況をイラストや図にして示す。

・言語化↓わかりやすい言葉にして伝える。

・音声化↓読んであげる。いっしょに読む。

・生活化↓子どもの身近な例に置きかえる。

・シンプル化↓問題を削ったり分けたりしてシンプルにする。

「読む」をサポート

・読んであげる。いっしょに読む。

・段落番号を入れる。

・音読アプリを使う。

書き順を「見える化」！

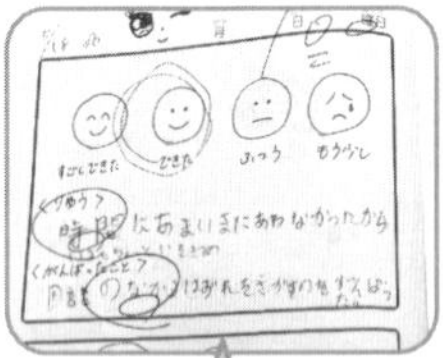

気持ちも「見える化」！

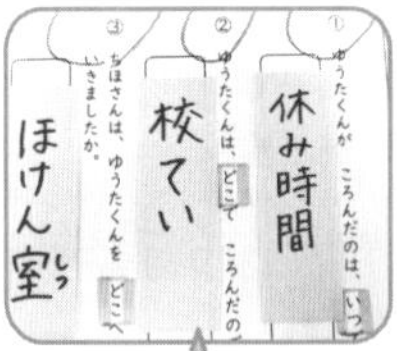

書かずに、「選んで貼る」でもOK！付箋が便利

話す順番を「見える化」！

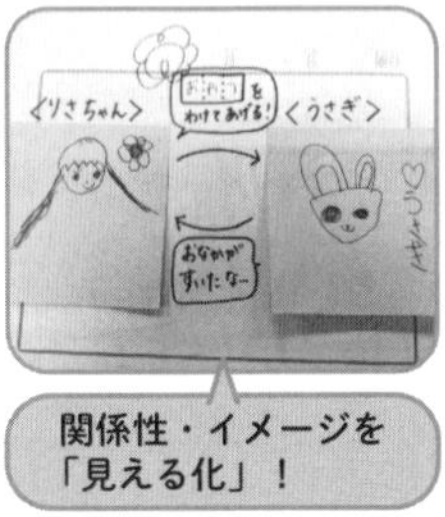

関係性・イメージを「見える化」！

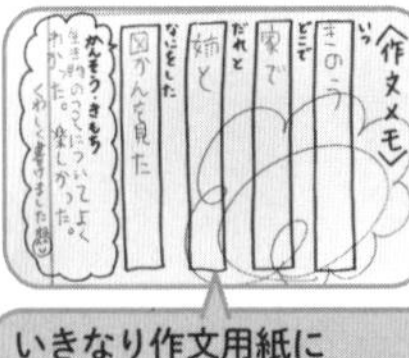

いきなり作文用紙に書くより、メモをつくるとわかりやすく書ける！

・かたかなや漢字にルビ（読みがな）をふる。

「書く」をサポート

・なぞり書き
・見写し書き
・枠の調整
・書く以外の方法（口頭や選択肢から答えるなど）で答える。
・作文メモをつくる。

その他

・予告する（内容・時間や問題数の見通し）。
・ヒントや選択肢を示す。
・パターンを変えながら反復練習する。
・意見や感想を話し合う。
・丸や百点をつける。
・ほめる（具体的に）。

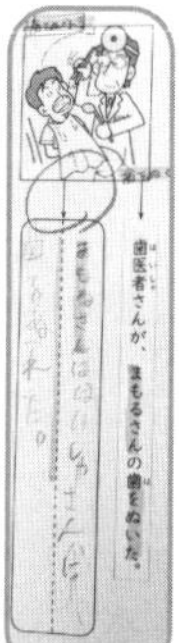
蛍光ペンでポイントを「見える化」！

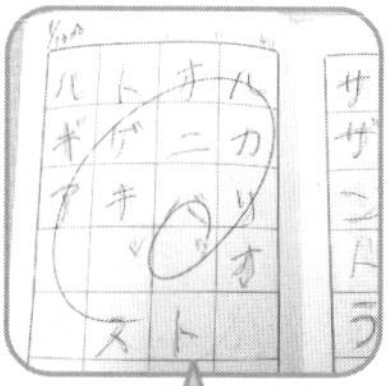
なぞり書き

小さな「っ」の大きさのガイドがあるとわかりやすい

大きな花丸がうれしい！

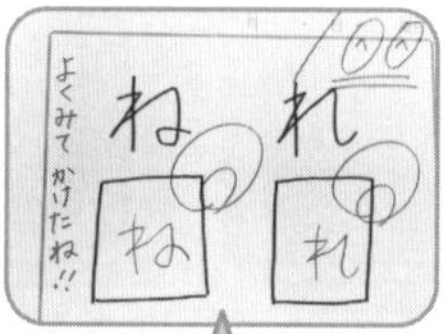

具体的なほめ言葉がポイント

理解をより深める「スペシャル問題」にも挑戦！

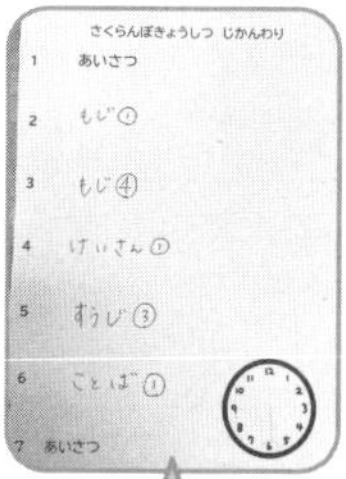

何をどのくらい取り組むかわかると安心！

「気持ち」の表現も、ヒントがあればできる！

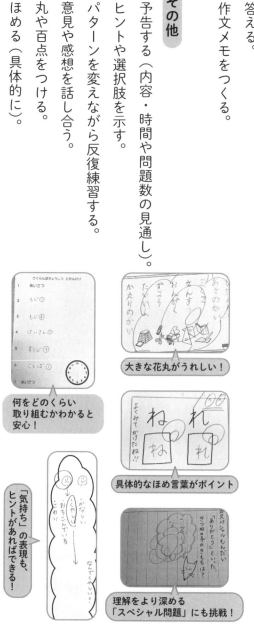

心を育てる

「発達が気になる」子どもたちは、整理整頓をすること、友だちと遊ぶことなど、学習以外にも「どうもうまくいかない」と感じることが多くなりがちです。大人が「できてあたりまえ」と思うことでも、子どもは毎日がんばっていることに気づいてあげましょう。発達がゆっくりでも、学び方がちがっていても、ほかの子と比べる必要はありません。「あなたはあなたらしくてよい」というメッセージをいろいろな形で伝え、子どもが「自分は自分でいい」と思えることが、新しいことにチャレンジする力になります。ご家族がいちばんの味方になって、子どもたちの心を支え、育ててあげましょう。

進路選択も大切

子どもたちが毎日通って長い時間を過ごす学校は、その子の好きなこと、興味のあることに注目して選択しましょう。合っていない「わからない」ことばかりの学校生活では、子どもの「できる」がふえないどころか、心の健康にも影響しかねません。学校教育の中でも多様な支援や合理的配慮が進んでいます。通常学級、特別支援学級、特別支援学校、それぞれのよさがあります。「子どもが楽しく通い成長できる」「対等な友人関係がつくれる」学校を、本人とよく話し合って選びましょう。成長の節目に、専門機関で発達の段階や得意・苦手のバランスに合わせたアドバイスを受けることもおすすめです。

第2章

チェックシートの使い方

得意なことと苦手なことを知るためのチェックをして、サポートの手がかりとしましょう。

ほかの子とくらべないで

何がどこまでできていますか

本書の巻末にあるチェックシートを使って、「文字の読み書き」「音読・文章読解」「作文」「聞く・話す・会話」「漢字」が、それぞれどこまで、どんな方法でできているか、「できているところ」「苦手なところ」をチェックしてみましょう。

学習の様子から気になるところも具体的に書き出し、どこにサポートがあれば楽しく学習できるのか、子どもに合う学習方法や手助けの方法を工夫するための手がかりとして活用してください。

チェックシート① 「文字を読むこと」「文字を書くこと」

チェックシート② 「音読・文章読解」「作文」

チェックシート③ 「聞く・話す・会話」「漢字（読む・書く）」

チェックシート1「文字を読むこと」「文字を書くこと」（↓166ページ）

①子どもの「読む」「書く」の学習の様子から、「気になるところ」をチェックします。ほかにも「気になるところ」があればメモしましょう。

②子どもの「読む」「書く」の学習に取り組む様子を観察し、できているところはできるに色をつけましょう。

③「文字を読むこと」と「文字を書くこと」の領域を比べます。「読む」が苦手な場合は「読む」ための、「書く」が苦手な場合は「書く」ためのサポートが必要です。

④できるに色がつかない項目は、「学び」のページを見て、サポートの参考にしましょう。

「書く」
→学び②③④⑤

「読む」
→学び①③④⑤

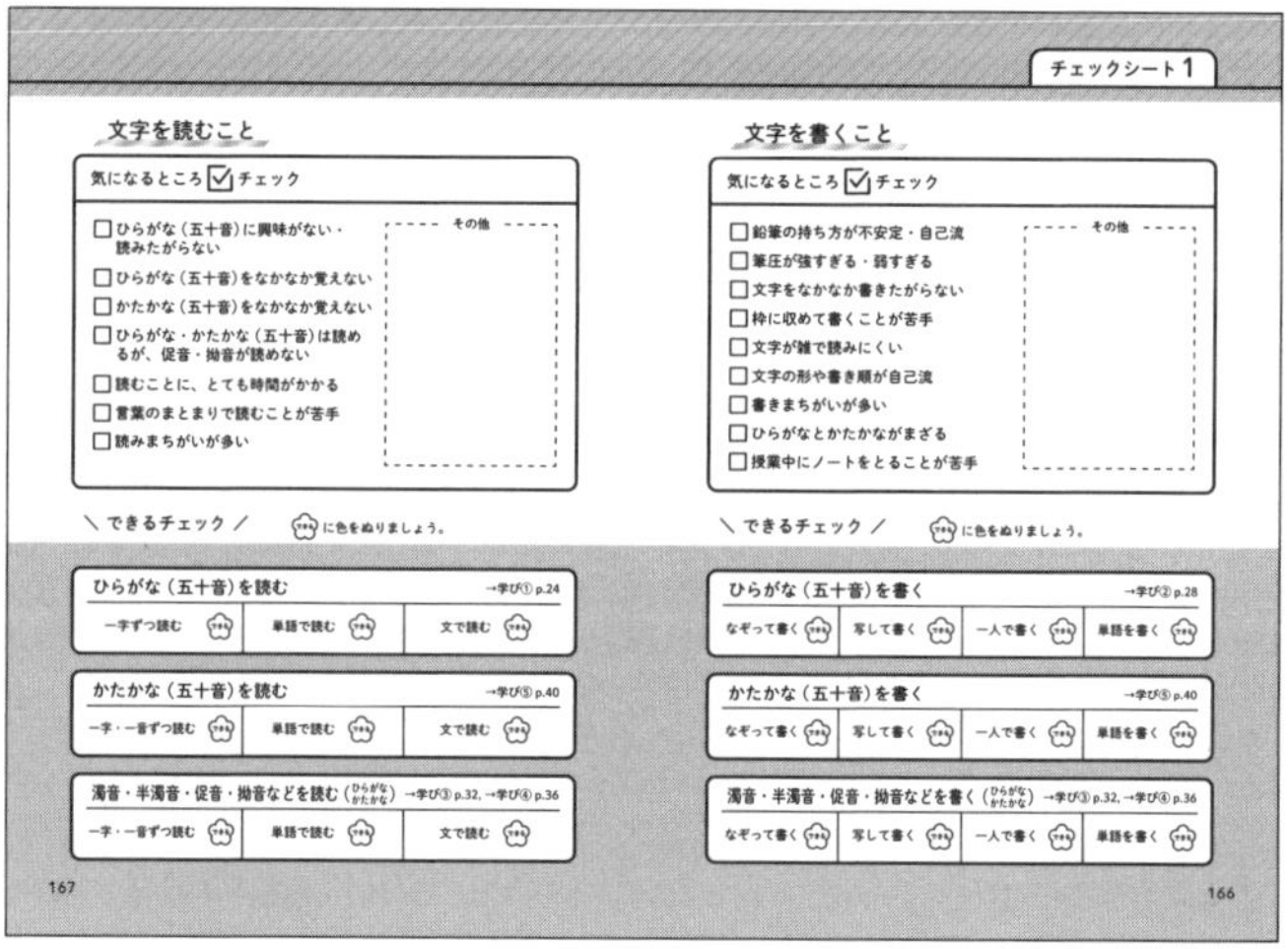

チェックシート1

文字を書くこと

気になるところ☑チェック

- □鉛筆の持ち方が不安定・自己流
- □筆圧が強すぎる・弱すぎる
- □文字をなかなか書きたがらない
- □枠に収めて書くことが苦手
- □文字が雑で読みにくい
- □文字の形や書き順が自己流
- □書きまちがいが多い
- □ひらがなとかたかながまざる
- □授業中にノートをとることが苦手

その他

＼できるチェック／　できるに色をぬりましょう。

ひらがな（五十音）を書く			→学び② p.28
なぞって書く	写して書く	一人で書く	単語を書く

かたかな（五十音）を書く			→学び⑤ p.40
なぞって書く	写して書く	一人で書く	単語を書く

濁音・半濁音・促音・拗音などを書く（ひらがな／かたかな）			→学び③ p.32, →学び④ p.36
なぞって書く	写して書く	一人で書く	単語を書く

166

文字を読むこと

気になるところ☑チェック

- □ひらがな（五十音）に興味がない・読みたがらない
- □ひらがな（五十音）をなかなか覚えない
- □かたかな（五十音）をなかなか覚えない
- □ひらがな・かたかな（五十音）は読めるが、促音・拗音が読めない
- □読むことに、とても時間がかかる
- □言葉のまとまりで読むことが苦手
- □読みまちがいが多い

その他

＼できるチェック／　できるに色をぬりましょう。

ひらがな（五十音）を読む		→学び① p.24
一字ずつ読む	単語で読む	文で読む

かたかな（五十音）を読む		→学び⑤ p.40
一字・一音ずつ読む	単語で読む	文で読む

濁音・半濁音・促音・拗音などを読む（ひらがな／かたかな）		→学び③ p.32, →学び④ p.36
一字・一音ずつ読む	単語で読む	文で読む

167

チェックシート2「音読・文章読解」「作文」（↓168ページ）

①子どもの「音読・文章読解」「作文」の学習の様子から、「気になるところ」をチェックします。ほかにも「気になるところ」があればメモしましょう。

②子どもの「音読・文章読解」「作文」の学習に取り組む様子を観察し、できているところはできるに色をつけましょう。

③「音読・文章読解」と「作文」の領域を比べます。苦手なところは特にサポートが必要です。

④できるに色がつかない項目は、「学び」のページを見て、サポートの参考にしましょう。

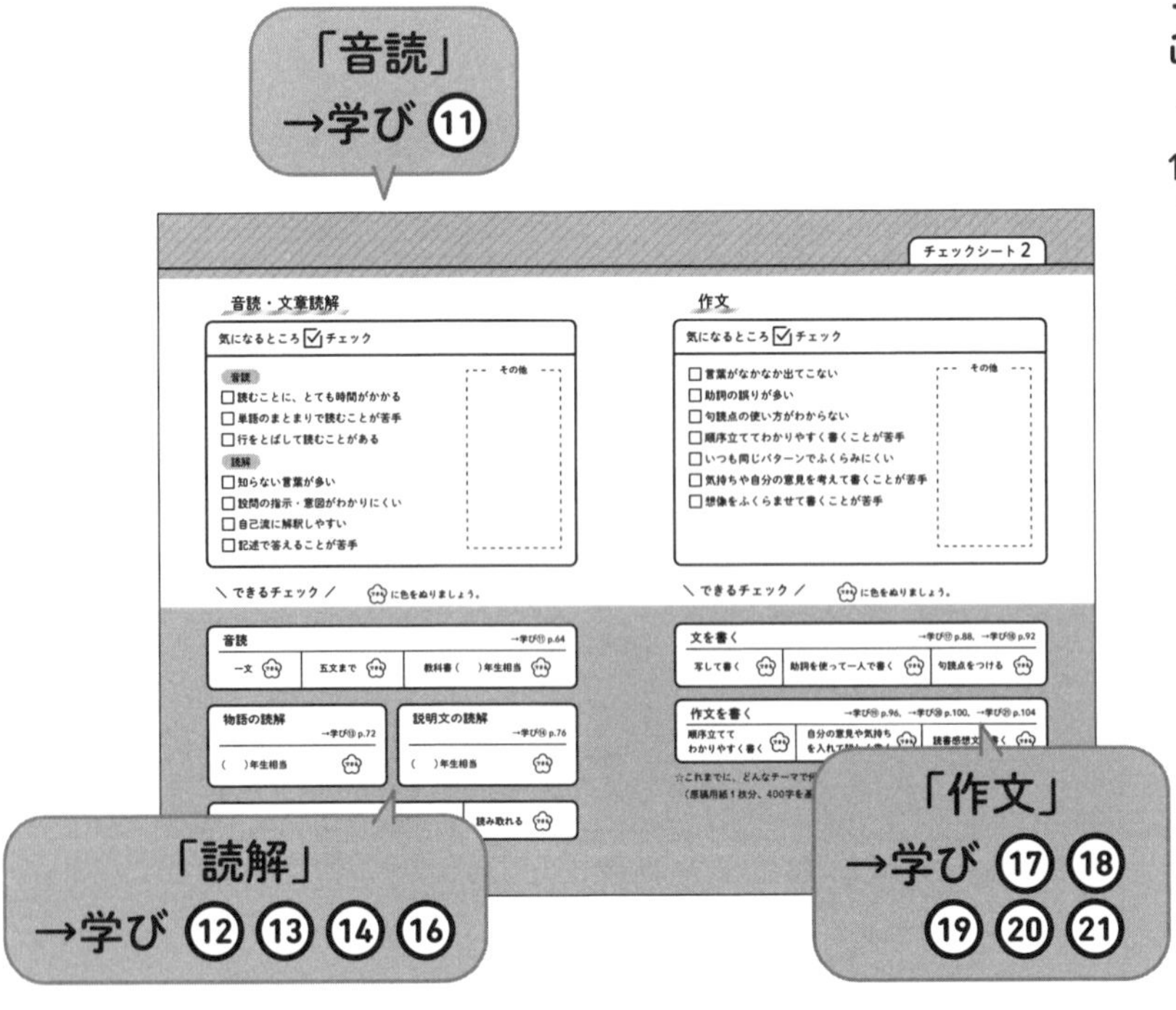

チェックシート3 「聞く・話す・会話」「漢字（読む・書く）」（→170ページ）

①子どもとの会話や漢字の読み書きの様子から、「気になるところ」をチェックします。ほかにも「気になるところ」があればメモしましょう。

②子どもの「聞く・話す・会話」や「漢字」の読み書きの様子を観察し、できているところは（できる）に色をつけましょう。「漢字」は、「漢字チェックシート」（172〜175ページ／小学1年〜3年で習う漢字）を活用してください。

③「聞く・話す・会話」の中の項目、「漢字」の読み書きを比べます。苦手なところは特にサポートが必要です。

④（できる）に色がつかない項目は、「学び」のページを見て、サポートの参考にしましょう。

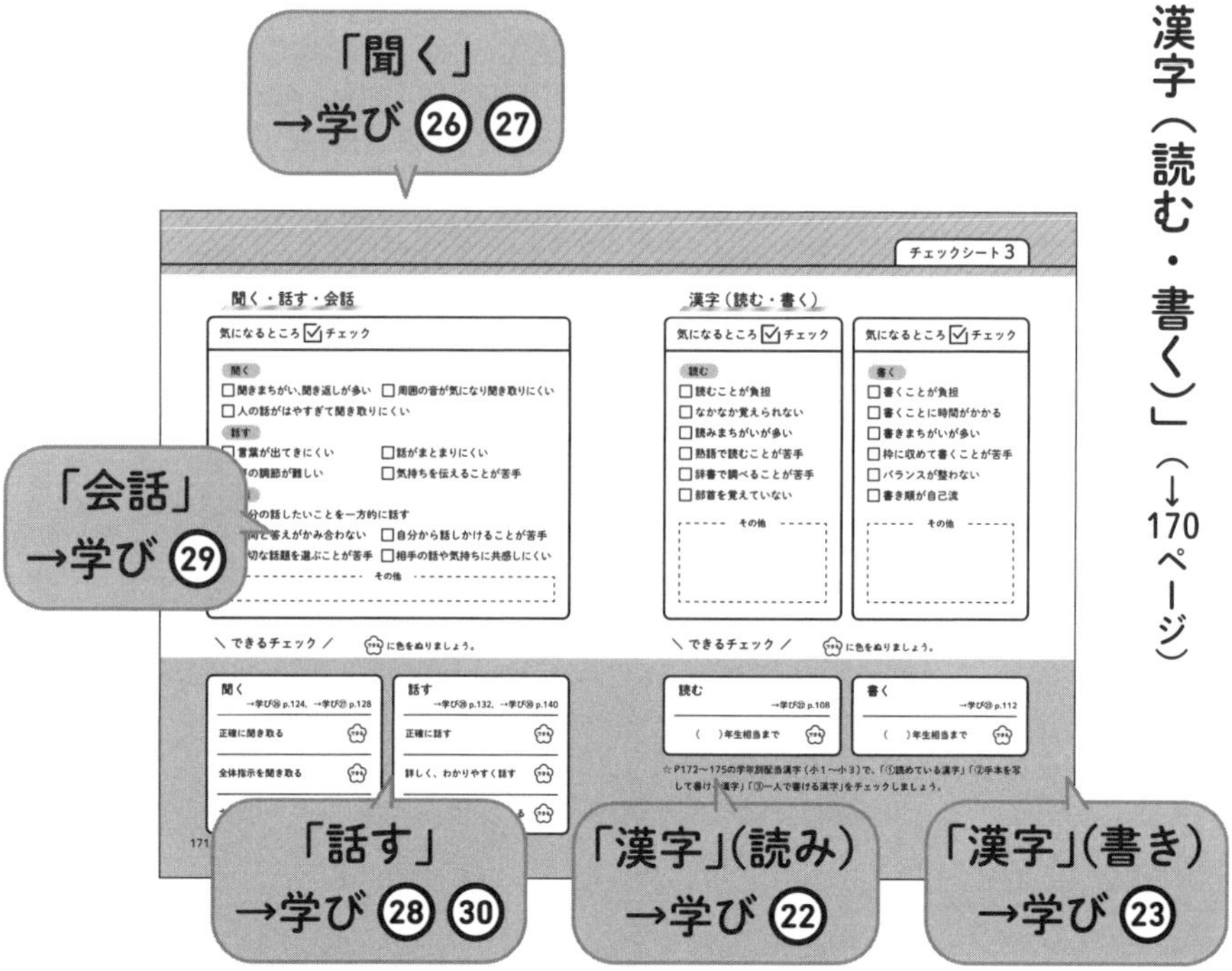
「聞く」→学び㉖㉗
「会話」→学び㉙
「話す」→学び㉘㉚
「漢字」（読み）→学び㉒
「漢字」（書き）→学び㉓
チェックシート3
聞く・話す・会話
漢字（読む・書く）

COLUMN

さくらんぼ教室で活用している「指導グッズ」

教室ではわかりやすい指導のために「指導グッズ」を活用しています。どこでも手に入る文房具が、強い味方になってくれますよ。

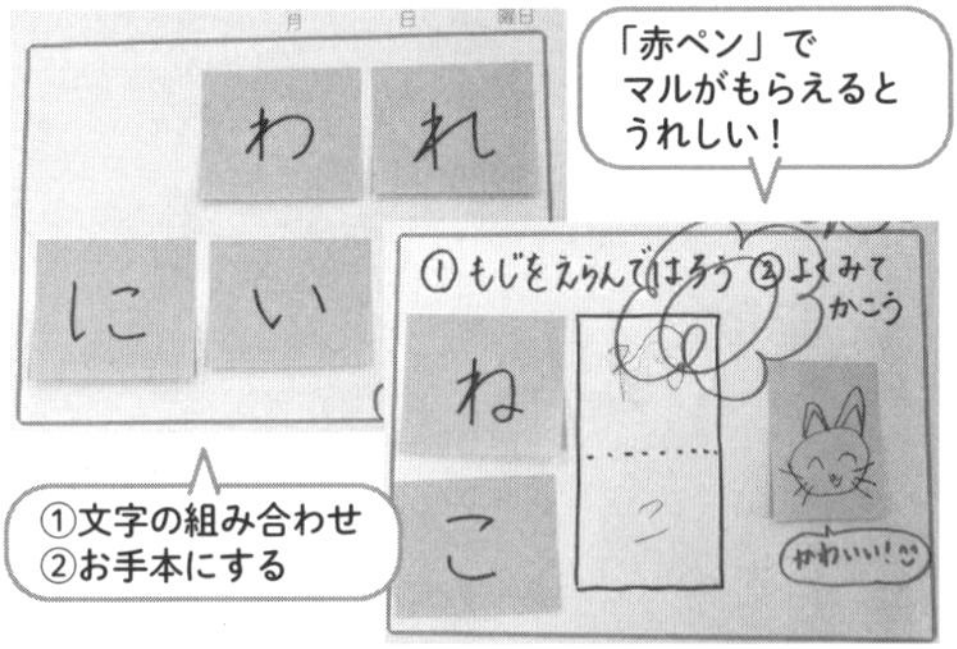

赤ペン	「できた」が実感できるマルや100点をかきます。
カラーペン	青ペンなどでお手本やヒントをわかりやすく書きます。まちがった箇所には×ではなく★印をかいて、もう一度やり直せるようにします。
蛍光ペン	なぞり書きに使ったり、大事な部分を示したりします。
付箋（いろいろな大きさ）	ヒントをさっと書いて貼ったり、文字・漢字などをマッチング（同じものを合わせる）したり、書くことが苦手な子が答えを選んで貼れるようにしたり、「がんばったね」と一言コメントを書いたり……、いろいろな活用ができます。
シール・スタンプ	子どもの好きな色やキャラクターを取り入れて、学習のモチベーションにつなげます。

第3章

「できる」をふやす学び方

国語の基礎を楽しく学び、
言葉の力につなげましょう。

学び

1 ひらがなを読む

親の視点

ひらがなにあまり興味を示さず、自分の名前は何となく読めているようですが、ひらがな五十音がまだ正確に読めていません。ひらがな一文字に一音を対応させて読むことができていないようです。

子の視点

この字の形は知ってる。でも、何て読むんだっけ？ たくさんあってわからないな。でも、自分の名前はだいたい読めるよ。

学びの手立て

「文字（形）」と「読み（音）」を、ひらがなカードなどの、手がかりになるものを使って結びつけていきます。また、「と・け・い」という三つの文字と音から「とけい」という言葉になることを理解できるようにします。

使ってみたい教材・教具↓144・152ページ

STEP 1 名前の文字を読む

一つの文字に一つの音が対応していることを意識できるようにします。まず、よく見慣れている自分の名前から、一文字ずつ確実に読めるようにしていきましょう。子どもの名前を一文字ずつのカードにして、次のような進め方で練習しましょう。

①いっしょに読む→②マッチング（同じ文字を選ぶ）→③並べかえ→④聞いた文字のカードを選ぶ→⑤一文字ずつ見て読む

STEP 2 五十音表のあ行から読む

名前と同じ進め方（①〜⑤）で、あ行から順に練習していきましょう。読めるようになってきたら、「似ている文字どうし」を読み分ける練習もしてみましょう。

STEP 3 言葉を読む

ことばカードなどを使って、一文字ずついっしょに読んでみましょう。無理に読ませようとせず、最初は読んであげてもよいでしょう。「つくえ」だったら「つ・く・え」のように三つの文字・音からできていることを意識できるように、鉛筆などで一文字ずつ指しながら言葉のリズムを感じられるようにします。

あ行から読む

あいうえお
かきくけこ
さしすせそ
…

言葉を読む

STEP 4 言葉をつくる

イラストを手がかりに、文字を並べかえて、言葉をつくってみます。好きなものの名前やキャラクターの名前をつくってみましょう！

文字を並べかえて二文字の言葉をつくる

い　す　か

POINT

ひらがなの文字（形）と読み（音）が結びつくまでに時間がかかる子もいます。大事なのは、一度にたくさん覚えさせようとしないことです。「し・ん・か・ん・せ・ん」など、子どもが興味をもちそうな言葉を使って、少しずつ覚えていきましょう。正方形の付箋で、ひらがなカードをつくると、簡単にマッチングや並べかえの練習ができますよ。

学び 2 ひらがなを書く

親の視点

ひらがなは読めていますが書くことが苦手で、あまり書きたがりません。文字の書き順が自己流で、字の形を正しくとらえていないようです。

子の視点

「よく見て書きなさい」って言われても、どこから書いたらいいのかな。がんばって書いても、どうせ「書き直しなさい」って言われるし……、つかれるなあ……。

学びの手立て

鉛筆を持って書くなど指先を使う作業が苦手でうまく書けない子、「文字」と「音」が結びつきにくくなかなか文字が思い浮かばない子、「文字」は思い浮かんでいるけれど「書く」段階でミスが多くなってしまう子など、さまざまです。どの部分をサポートしたら自信をもって書けるかを考えながら練習します。

使ってみたい教材・教具 ↓ 144・152ページ

STEP 1 書くことが楽しくなるように

文字を書く前の準備をします。直線や曲線、点つなぎなど、鉛筆を持ってかくことが負担なくできているでしょうか。直線や曲線など、「これなら簡単にかける」という段階から練習してよいのです。鉛筆の持ち方を無理に矯正するよりも、「じょうずにかけているね！」とほめてあげてください。「こうやって手を動かしたら、こんな線がかける」ことを子どもが体験をとおして感じ、いろいろな線がなめらかに楽しくかける練習タイムをつくりましょう。

線のなぞり書き

STEP 2 思いきり大きく書いてみる

まず、なぞり書きで大きく書く練習をしてみましょう。手をそえていっしょに書いたり、書き始めの始点をマークしたり、蛍光ペンなどで筆順ごとに色を変えたりしながら練習します。文字の大きさの目安は、その子が「負担なく書ける大きさ」です。ノートのマス目にかかわらず、まずは思いきり大きなひらがなのなぞり書きから、次のような進め方で練習します。

①なぞり書き
②手本を見て見写し書き
③一人で書いてみる

・大きな文字から小さな文字へ
・画数の少ない文字から、交差や回転のある複雑な文字へ

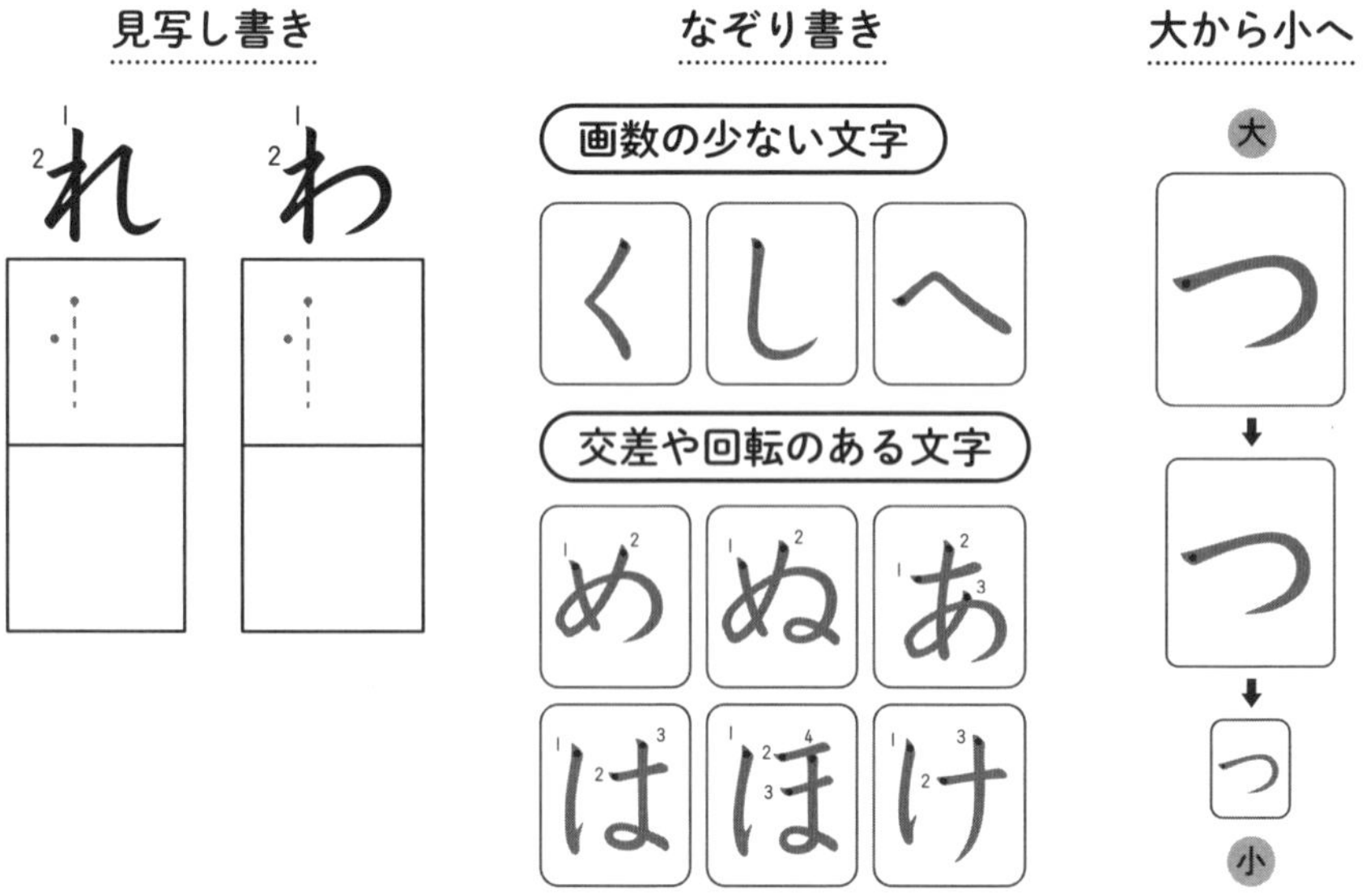

STEP 3 絵を見て言葉を書く

絵を見て「これは、いす！」と認識し、「い」「す」という二文字を思い浮かべて正しい順番で書く練習をします。『す』ってどうやって書くんだっけ？」と子どもがあせってしまわないよう、最初は五十音表などのヒントがあるとよいでしょう。また、すぐ横にヒントを書いてあげてもよいでしょう。

絵を見て言葉を書く

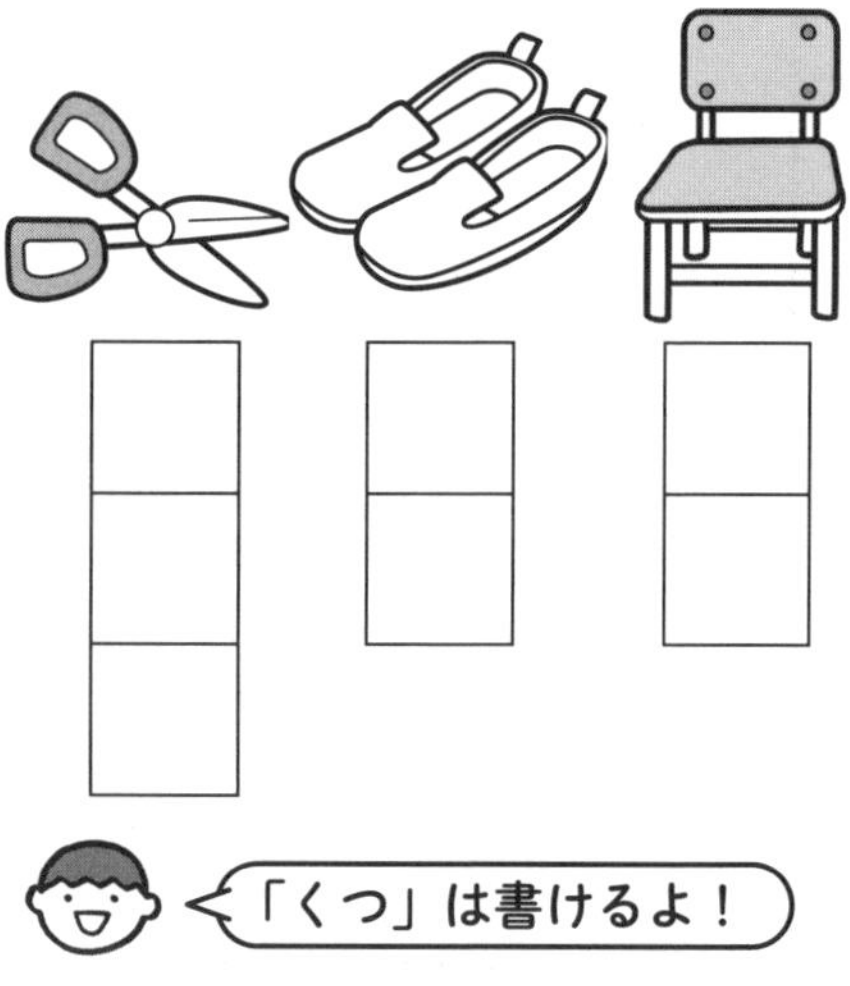

POINT

鉛筆の持ち方、筆順、「とめ・はね・はらい」などには厳格になりすぎず、「楽しく負担なく書けている」「書けた文字が読める」ことを目標に取り組みましょう。じょうずに書けた文字をほめるとともに、うまく書けていない文字は、すぐに書き直させるより、手本を見せて「ここが少し惜しかったね」「もう一回だけかっこよく書いてみよう」などと声をかけ、子ども自身が少しずつ形を意識して書けるよう支援します。

学び

3

濁音・半濁音・促音の読み書き

親の視点

「ざる」を「さる」と読んだり、「きって」などが正しく読めなかったりします。書くときは、濁点・半濁点や促音の書き忘れも目立ちます。言葉としては知っていても、読んだり書いたりすると、まちがいが多くなるようです。

子の視点

「かき」と「かぎ」、どこがちがうのかな？「きって」は「きつて」と書いたらだめって言うけど、どうして？ なんで、「つ」だけ小さく書くの？

学びの手立て

ようやくひらがなを覚えて読めるようになった子どもが、「゛」「゜」がつくと読み方が変わるという新たなルールに対応できないことがあります。また、促音の「っ」は、「つ」と形は同じでも、言葉の中では「ツ」と読まないことも、子どもにとっては新たなルールなのです。新しいパターンを一つひとつ習得していけるようにしましょう。

使ってみたい教材・教具↓144・145ページ

STEP 1 濁音・半濁音を読む

「かき」の絵と「かぎ」の絵を見せて、何の絵か子どもに聞きます。ノートにそれぞれ絵の言葉を書いて見せ、「ぎ」の「゛」を蛍光ペンで囲んで濁点を意識できるようにします。また、清音と濁音・半濁音のひらがなを並べて比べ、その読みを次のような進め方で練習します。

①「が・ざ・だ・ば」の各行を示す→②「『が』はどれ？」などと聞いて一文字ずつ選ぶ→③言葉の中で読む
（半濁音の「ぱ行」も同様に）

が	ぎ	ぐ	げ	ご

STEP 2 促音を読む

「はっぱ」「しっぽ」「せっけん」のように、子どもが知っている促音のある言葉から読む練習をします。また、ひらがなカードを使って「は」「ぱ」「っ」の三文字を並べかえて「はっぱ」という言葉をつくる練習をし、どこに「っ」が入るのかを意識できるようにします。「ねこ」の間に「っ」を入れたら何という言葉になるかなどの言葉当てゲームをしてもよいでしょう。

STEP 3 濁音・半濁音・促音を書く

まずは、濁点や半濁点のみのなぞり書きから始め、次のような進め方で練習します。

①なぞり書き（濁点や半濁点のみ）
②見写し書き

ひらがなカードを並べかえる

濁点を書く

	か ば ん
	ぼ う し
	し た じ き

③言葉のどこに濁点や半濁点をつけたらよいか考えて書く

④音読して音のちがいを確かめる

促音の場合は、言葉のどこに小さい「っ」が入るかなどを考えて書く練習をします。小さい「っ」を入れる枠などをつくってあげましょう。

促音を書く

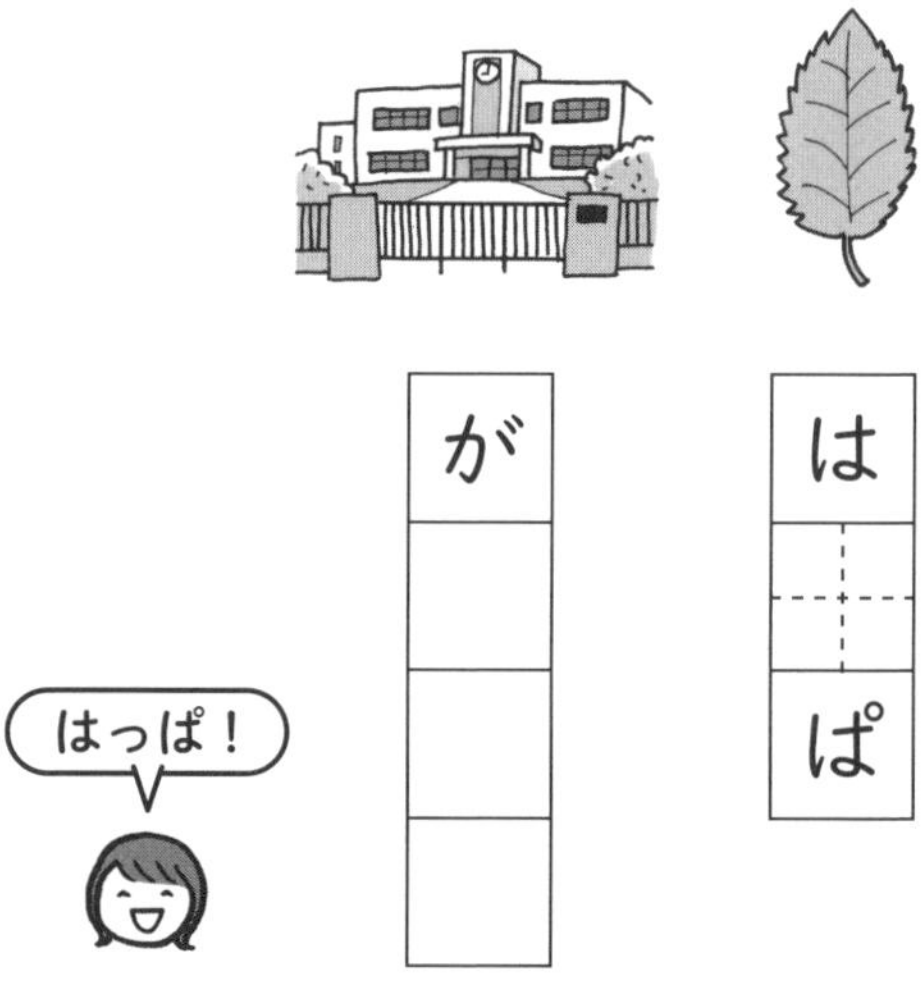

POINT

文の中で読む場合は、「゛」「゜」に注意するところだということがわかるように、初めから蛍光ペンで色をつけておくとよいでしょう。また、「はっぱ」と書きたいのに「はぱ」と書いてしまうというような場合は、書く前に「小さな『っ』が入る言葉だよ（どこに入るかな？）」など、事前に確認してあげるとよいでしょう。「予告」は、「まちがった！」となる前の大事な支援です。しだいに自分でも気をつけるようになっていきますよ。

学び 4

拗音・拗長音の読み書き

親の視点

「きゅうきゅうしゃ」のような言葉を正しく読むことが苦手です。また、書くときも、小さい「ゃ・ゅ・ょ」を大きく書いたり書き忘れたりします。いつも「どうやって書くの？」と聞いてきて、なかなか覚えられないようです。

子の視点

「今日の給食は……」、あれ？　どうやって書けばいいのかな？「きゅうしょく」って、「きゅうしょく？」何かへん。どの字を小さく書くんだっけ？　よくわからないや。

学びの手立て

「き」と「や」の二文字で「きゃ」と一音で読むという拗音のルールは、組み合わせも多く、子どもにとっては複雑です。「きゃ」「しゃ」「ちゃ」などを単に一音ずつで覚えるだけでなく、身近な言葉で、サポートを多めにして読んだり書いたりしながら練習しましょう。

使ってみたい教材・教具↓144・145ページ

STEP 1 拗音を読む

「きゃ」「きゅ」「きょ」の拗音カードをつくって、一音ずついっしょに読んでみます。また、「し」「ち」「に」「ひ」「み」「り」と小さい「や・ゆ・よ」を合体させて文字と音を対応させていきます。

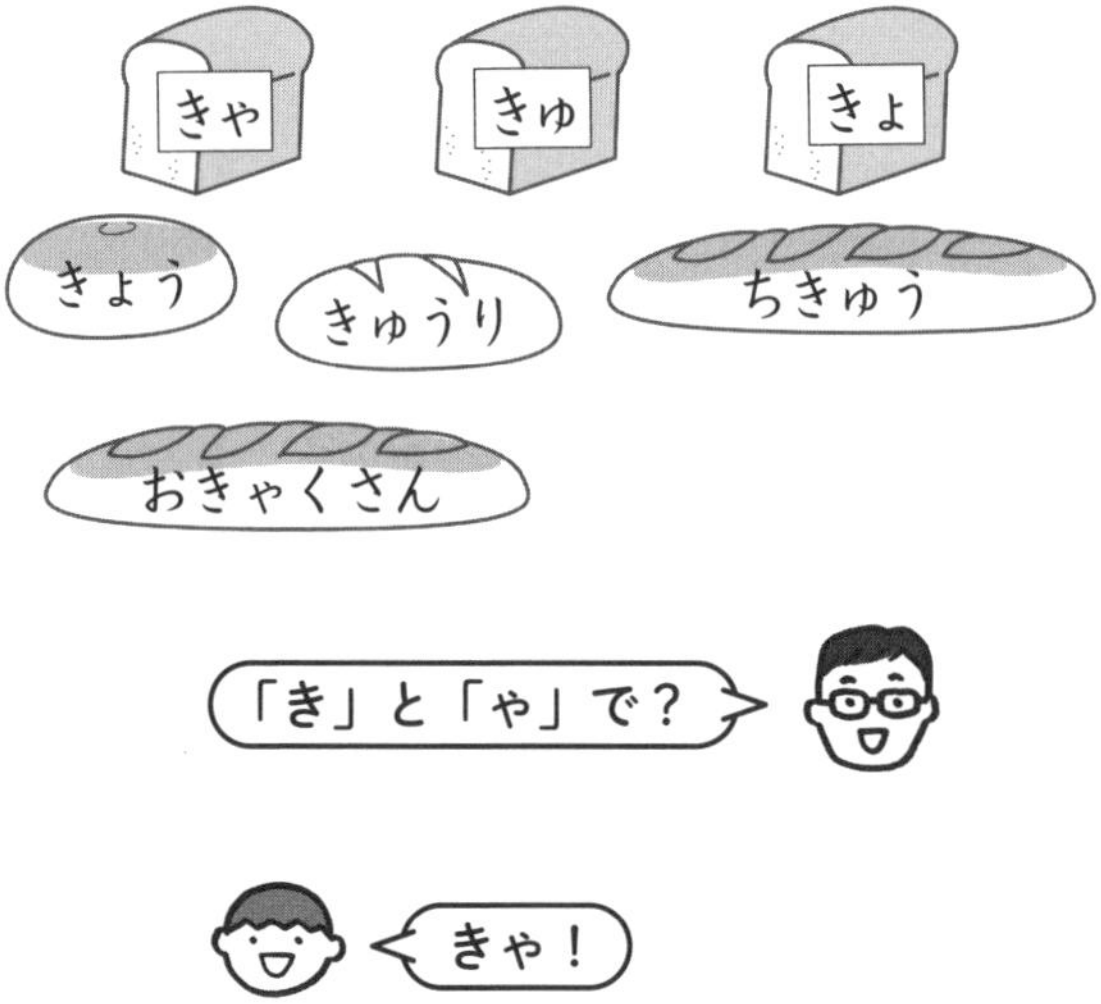

STEP 2 拗音を含む言葉を読む

絵カードと言葉カードを使って、「で/ん/しゃ」などの読み方に慣れるようにします。また、「で」「ん」「しゃ」のひらがなカードを並べかえて「でんしゃ」という言葉をつくる練習をします。そのあとで、手本を見ながら書いてみることで、「読む」「書く」をつなげることができます。

STEP 3 拗長音を含む言葉を読む

絵カードを使って、「きゅ/う/り」などを読んだり、ひらがなカードを並べかえて一つの言葉をつくったりする練習をします。「きゅ」をマルで囲んでおくなどして、身近な言葉の中の拗音や拗長音を意識できるようにします。

拗音を含む言葉をつくる

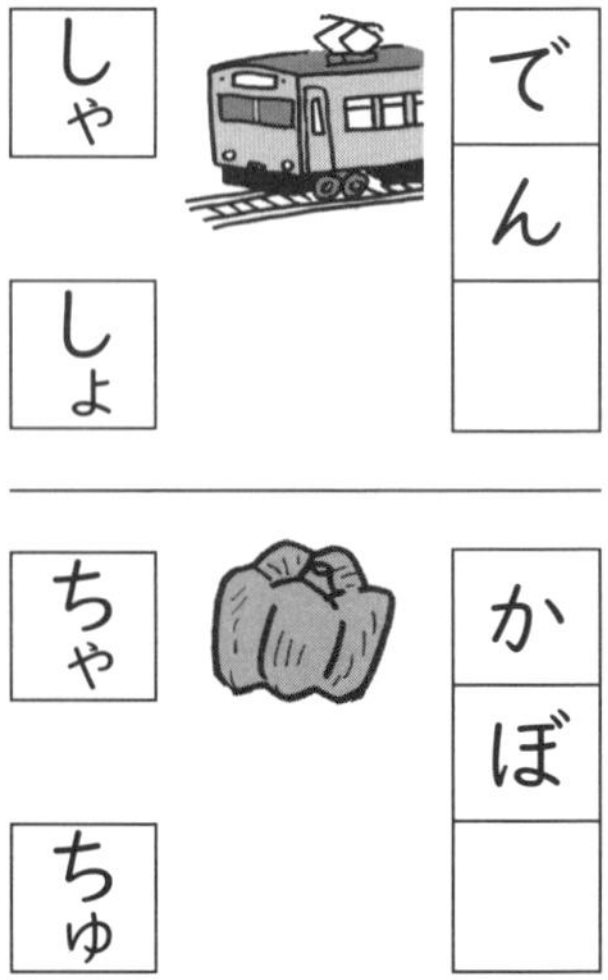

拗長音を含む言葉をつくる

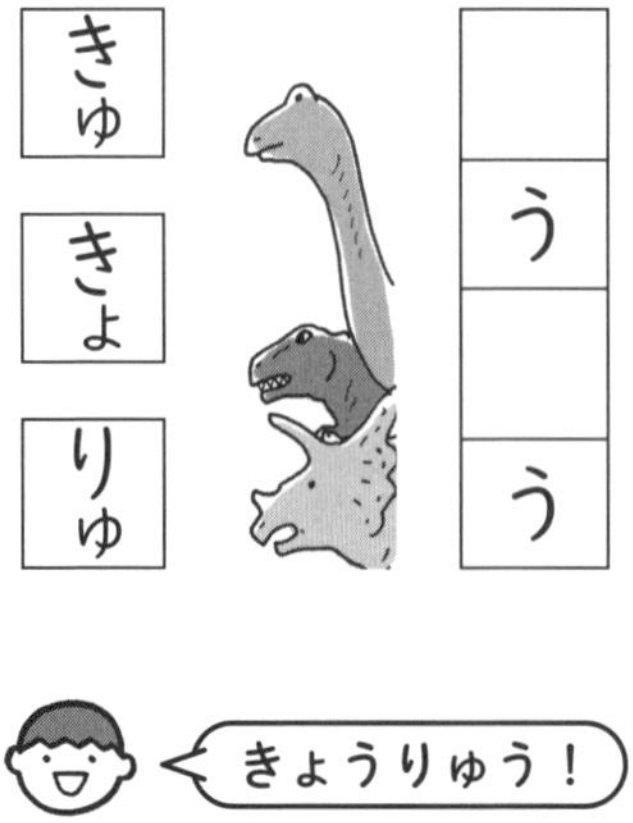

STEP 4 拗音・拗長音を含む言葉を書く

書くことに負担のある子は、拗音の小さい文字を書くことが苦手です。小さい「ゃ・ゅ・ょ」などをなぞり書きにしたり、マス目を四つに分けて書く位置をわかりやすくしたりして、書く負担を減らしながら練習しましょう。

拗音を含む言葉を書く

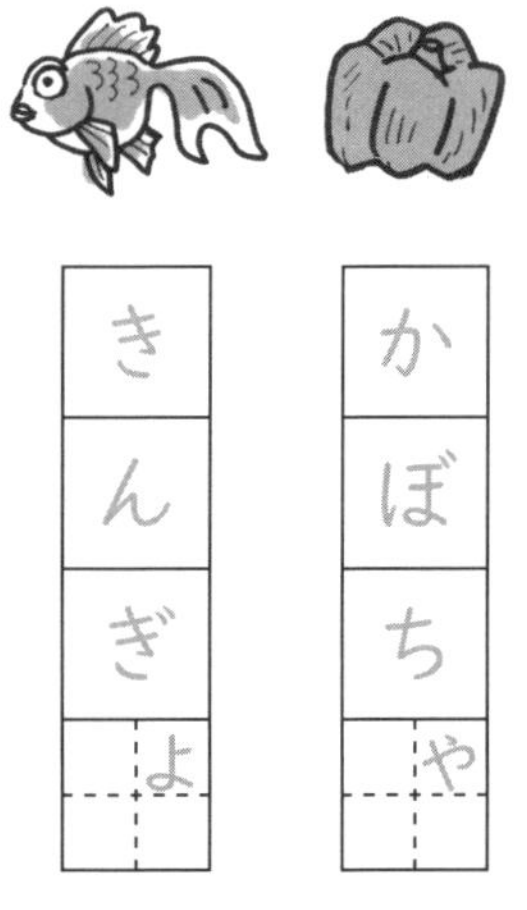

POINT

文の中で読む場合は、「きゃ」など一音のまとまりに蛍光ペンで色をつけたりマルで囲んだりしておくと読みやすいでしょう。書く場合は、「きゅうり」であれば「□うり」のように拗音の部分を空欄にし、あらかじめ選択肢「きゃ」「きゅ」「きょ」を用意して、その中から選べるようにすると、子どもも安心して取り組めますね。

学び

5

かたかなの読み書き

親の視点

かたかなの読み書きが正確でなく、まちがいが多かったり、書くときにすべてひらがなで書いたりします。「外国からきた言葉は、かたかな」と教えているのですが、その意味がわかりにくいようです。

子の視点

「つくえ」や「いす」はひらがななのに「テレビ」や「ランドセル」は、なんでひらがなじゃなくてかたかななの？　そもそも、かたかなで書く言葉ってだれが決めたの？

学びの手立て

かたかなは、レストランのメニューやアニメやゲームのキャラクターなど、子どもの好きなものの中にもたくさん使われています。ひらがなとかたかなを対応させながら練習し、かたかなで書く言葉はかたかなで書けるよう、身近な言葉をたくさん使って練習してみましょう。

使ってみたい教材・教具 ↓ 144・152ページ

STEP 1 五十音表を活用して読む

ひらがなの五十音表とかたかなの五十音表を、それぞれ一行ずつ切り取って、一行ずつの「ひらがな・かたかな対応表」をつくっておきましょう。子どもが「どうだっけ？」となったときに、自分で確かめることができて便利です。また、オモテ（かたかな）とウラ（ひらがな）のカードにしてもよいでしょう。

STEP 2 身近な言葉を探す

スーパーのちらし、ハンバーガーショップやレストランのメニュー、ゲームのキャラクター、スポーツの名前、お店の看板……身の回りにあるかたかなの言葉をたくさん見つけて、「かたかなは、生活の中でたくさん使われている」ことを意識できるようにしましょう。いくつ見つけられるか競争してもよいですし、その中から一人で書けるものをノートに書いてみてもよいでしょう。

STEP 3 文の中でかたかなを使って書く

文を書くことにせいいっぱいで、「ひらがな？かたかな？」と考える余裕がなく、すべてひらがなになってしまうことがあります。「まちがっている」と消して書き直させるより、一度書いた文

かたかなの言葉を言おう

野菜・くだものの名前

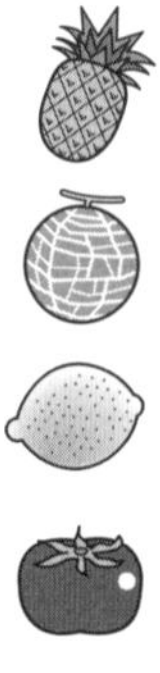

楽器の名前

スポーツの名前

かたかなに直そう

げんかんのどあ《ドア》をあけると、ぱん《パン》のいいにおいがしました。
れすとらん《レストラン》で、はんばあぐ《ハンバーグ》をたべました。

字の横にかたかなで書き加えるようにしたほうがよいでしょう。

かたかなの書き方を子どもが自分で確認できるように、かたかなの五十音表やかたかなの言葉の選択肢などをヒントとして、すぐに見られるところに置いておくのも支援になります。

ヒントを見て言葉を書く

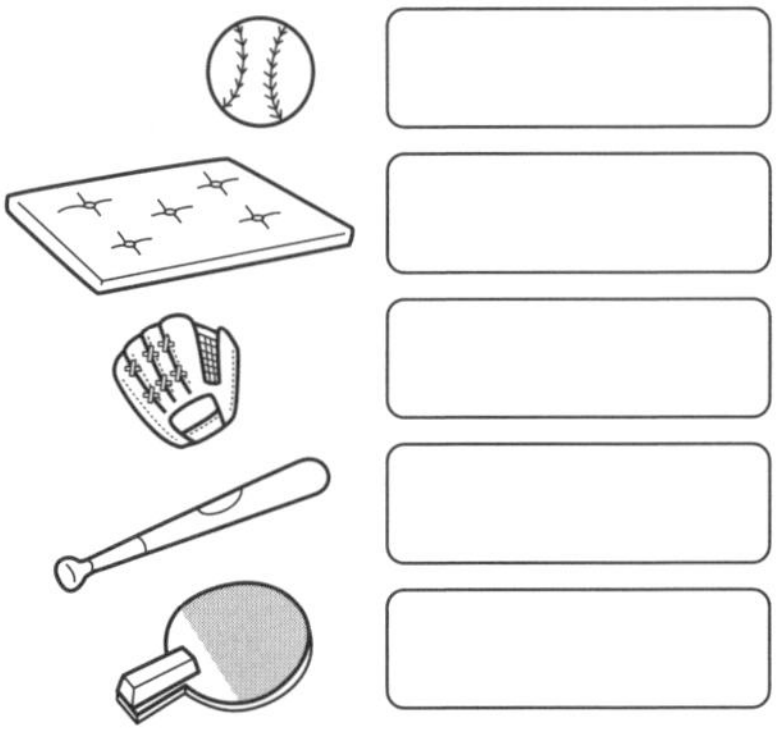

ボール　マット　バット
ラケット　グローブ

POINT

かたかなを「覚えなくてはいけない文字」と意識するのではなく、「生活の中でたくさん使われている便利な文字」ととらえられることが大事です。たとえば、冷蔵庫の中にもかたかなで書くものがたくさん入っているはずです。「『ハンバーグ』は、もともとドイツのハンブルクという都市の名前で……」のように、語源をいっしょに調べてみるのも子どもの記憶に残りますね。

学び 6

文字の大きさを調整して書く

親の視点

書く文字が大きく、いつも枠からはみ出してしまいます。よく見て書いてごらんと言っても、なかなか収まりません。テストでも枠の中に収まらないとそのまま枠外に書いてしまいます。

子の視点

字はいつも同じように大きくしっかりと書きたい。小さな枠に入れるのは、きゅうくつだからいやだ。

学びの手立て

「書く」ことに一生懸命で、書きながら「どのくらいの大きさで書いたらよいか」をイメージしにくいことがあります。「ちょうどよい大きさ」がどのくらいなのかを具体的に示して（見える化）、少しずつ調整できるように練習しましょう。

使ってみたい教材・教具↓144ページ

STEP 1 いろいろな大きさの文字を書いてみる

名前や文字を、まずは大きい枠から書き始め、少しずつ枠を小さくしていく練習をして、調整のコツをつかめるようにします。最初はなぞり書きでよいので、「LLサイズ」から「SSサイズ」のように、子どもがイメージしやすいように言語化し、文字枠をだんだん小さくしてみましょう。「枠の大きさ」に合わせて書くということが、感覚的にわかるようにします。

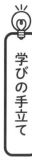

STEP 2 マス目に区切る

答えの枠に合わせて文字を書くことが苦手な場合、あらかじめ解答の文字数だけマス目に区切って、「一つの文字はこのくらいの大きさで書くと、答えの枠に最後まで入る」ことを示してあげるとよいでしょう（見える化）。最初の一文字の大きさだけ、答えの枠に〇で示してあげると、同じ大きさで書いていきやすくなります。

STEP 3 子どもに合わせて調整する

文字が大きいことは悪いことではありません。子どもに「枠に収める」ことだけを求めず、本人が書きやすい大きさのノートを使うことや答えの枠のほうを調整してあげることも有効です。テスト用紙などは拡大したり、ノートは二行分を一行

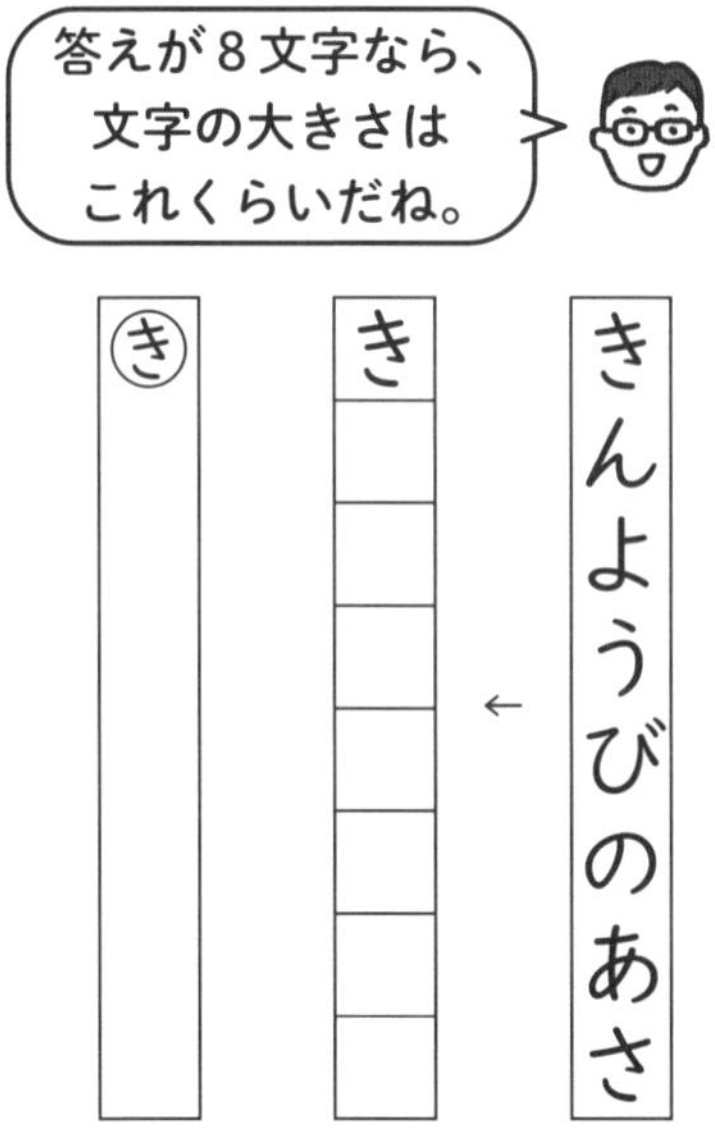
答えが8文字なら、文字の大きさはこれくらいだね。
きんようびのあさ
き
き

ノート2行分を1行に

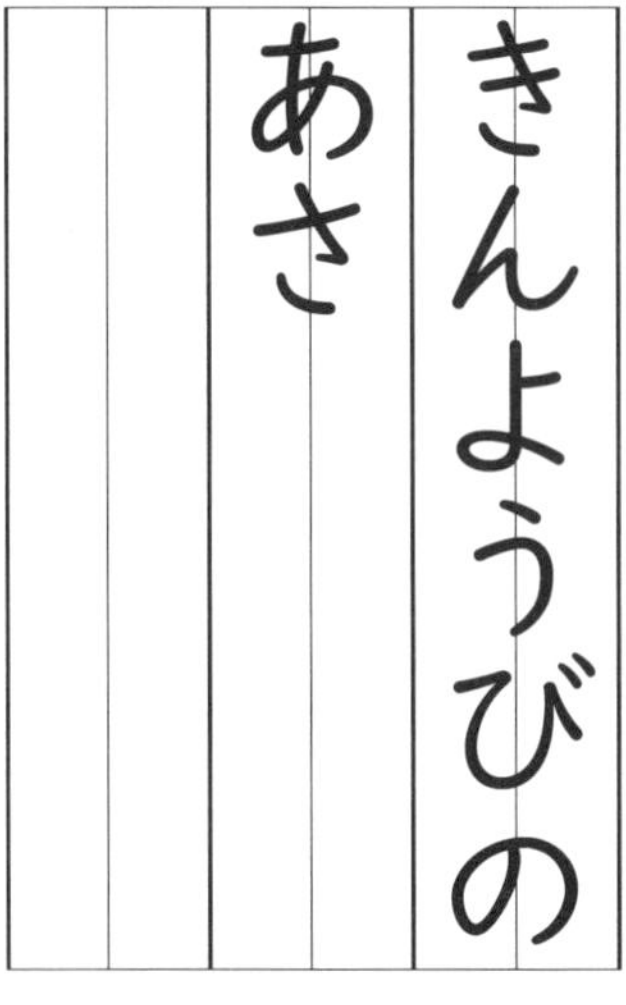
きんようびの
あさ

に使ったりして、子ども自身が「このくらいの大きさが書きやすい」という感覚も大切にしてあげましょう。なぞり書きも入れて練習し、子ども自身が「ちょうどよい」を見つけていけるとよいでしょう。

マスの大きさを選ぶ

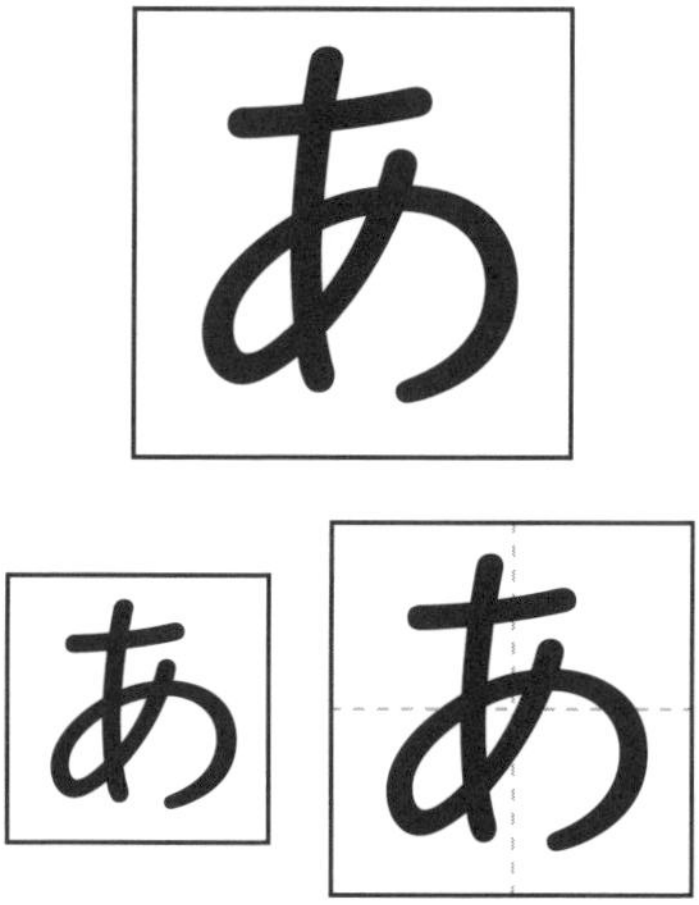

POINT

文字の大きさのほかに、濃さやていねいさなどについても、大人から見ると「もっとちゃんと書いて」と思うことはありますね。力のコントロールが苦手、イメージすることが苦手な子どもは、その時々で調整できないこともありますが、一生懸命書いています。「また、はみ出てる」と注意するのではなく、「このくらいの大きさだとちょうどいいね」「大きさがそろっていると読みやすいね」など、具体的に伝えましょう。

学び

7 語彙を増やす

親の視点

「そんな言葉も知らなかったの？」ということが、生活の中でよくあります。「あせらないで」と言ったら、『あせらない』って何？」と聞かれました。興味のあることは驚くほどよく知っているのに……。

子の視点

「そんな言葉も知らなかったの？」って言われても、今までだれも教えてくれなかったよ。そんな言葉を知らなくたって困らないから、覚えなくてもいいんじゃない？

学びの手立て

たくさんの言葉を知ることは、子どもの表現する力、コミュニケーションの力につながっています。ふだんの生活の中で「あたりまえのこと」「知っていて当然と思えること」でも、あえて言葉にする（言語化）習慣をつけ、言葉の力につなげていきましょう。

使ってみたい教材・教具↓144・145ページ

STEP 1 言葉の理解を広げる・深める

身近な言葉が入っている絵カードを使って、次のような進め方で練習します。

①「〇〇はどれかな？」→②「〇〇をするものはどれかな？」→③「〇〇は何をするものかな？」

たとえば絵カードを使って、次のような進め方でやりとりを楽しみましょう。

- 「時計はどれかな？」（子：言葉を聞いて選ぶ）
- 「時間を教えてくれるものはどれかな？」（子：意味を理解して選ぶ）
- 「時計は何をするものかな？」（子：自分の言葉で説明する）

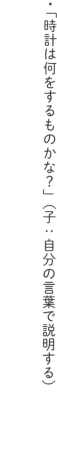

STEP 2 抽象的な言葉を理解する

「お母さんは『いそがしい』。『いそがしい』って、な〜んだ？」などのように、クイズにしてやりとりしてみましょう。一日一語でもよいのです。目には見えない様子や気持ちを表す言葉の意味を確認したり、その言葉を使って話してみたりしましょう。ノートを一冊用意して、その日覚えた言葉と意味、例文を書いていくようにすると、自分だけのオリジナル「言葉辞典」ができますね。覚えた言葉を形に残すという意味でも効果的です。

STEP 3 プラスワンの会話で言葉を引き出す

「今日の給食は何だった？」→「カレーだった」→「そうなんだ」（終わり）というよくある会話

「いそがしい」って、「することが多すぎてひまがない」ことだね。

ぼくは、やりたいことがたくさんあって、「いそがしい」！

いそがしい

いみ することが多くてひまがない。

文づくり 勉強がいそがしい。

から、さらに「プラスワン」つけ足して話しかけてみましょう。「カレーには何が入っていたの？」「明日の給食は何かな」「〇〇ちゃんの好きな給食のメニュートップ3は？」など、ちょっとした会話を「つなげる」「広げる」ことで、子どもから言葉を引き出していきましょう。また、子どもがうまく表現できないときは、「〜ということかな」のように補ってあげましょう。

会話を広げて、言葉を引き出す

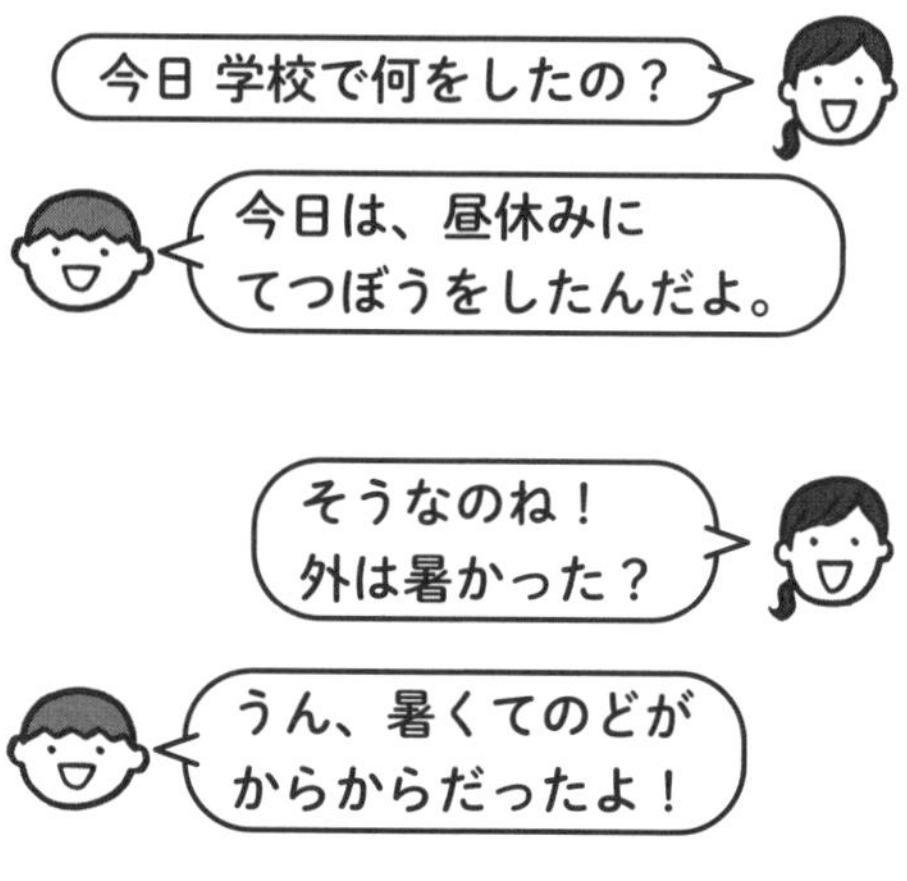
今日 学校で何をしたの？
今日は、昼休みに
てつぼうをしたんだよ。
そうなのね！
外は暑かった？
うん、暑くてのどが
からからだったよ！

POINT

子どもの「言葉の力」を伸ばしたいと思ったら、大人もたくさん話しかけましょう。けっして一方的に話したり質問攻めにしたりせず、すぐに答えられそうなことや子どもが興味をもっている話題で話し、ゆっくり聞いてあげましょう。楽しくて話しやすい話題を選んだり親子ともに気持ちに余裕がある時間を選んだりすることがおすすめです！「話して（教えて）くれてありがとう」というひとことを返すことも忘れずに。

学び 8

詳しく表現する

親の視点

単語で答えることが多く、様子を詳しく話すことや書くことが苦手です。もっと表現の幅が広がるとよいと思うのですが、なかなか言葉がふえないようです。

子の視点

「もっと詳しく」ってどういう意味？　ちゃんと話しているのに……。「にこにこ」笑う、「げらげら」笑う、「くすくす」笑う、どれもみんな「笑う」でいいでしょ。

学びの手立て

「擬声語（擬音語）」「擬態語」は、「オノマトペ」ともいわれます。音や声、様子を表す言葉のことで、言葉のイメージを広げ、表現を豊かにするためのキーワードともいえます。まず、いろいろな表現があることを知り、楽しく覚えていきましょう。

使ってみたい教材・教具↓145ページ

STEP 1 動物の鳴き声や物音を言葉で表してみる

犬の鳴き声も、聞く人によって「ワンワン」以外にいろいろな擬声語で表現することができます。ものをたたく音も「ドンドン」以外にも、たたく強さやものによって「トントン」「コンコン」など、いろいろな表現があります。身の回りの音や様子をよく聞いて、いろいろな言葉で表現してみましょう。それを実際に声に出して言ってみて、言葉のリズムや語感のちがいに気づけるようにします。歌にしたり動作を交えたりすると、楽しく覚えられます。

STEP 2 音や様子を表す言葉のカードを使って文をつくる

音や声を表す言葉、様子を表す言葉をカードにして、その言葉を使って文をつくってみましょう。文字で書かなくても、言ってみるだけでもよいでしょう。同じ言葉でも、いろいろな文がつくれることを理解できるようにします。また、カードを参考にして、ふだんの日記や作文にも使ってみてもよいでしょう。

STEP 3 文に合う、音や様子を表す言葉を選ぶ

ワークやドリルで、文に合う音や様子を表す言葉を選べるようにします。たとえば光る様子でも、「きらきら」「ぎらぎら」「ぴかぴか」「ちかちか」などがあります。どんなものが、どのように光っ

どんな文をつくれるかな。

ずきずき	にこにこ	ガタガタ	ビュービュー
くるくる	ぶるぶる	ザーザー	バタバタ

戸が	ガタガタ	鳴る。
雨が		ふる。
風が		ふく。
ろうかを		走る。

赤ちゃんが
にこにこわらう！

ているのか、どんなときにぴったりするのかを考えます。これらの言葉を使って短い文をつくったり、会話や作文に使ったりしてみます。様子や気持ちがよくわかる文になり、表現が広がっていくことに気づけるようにしましょう。

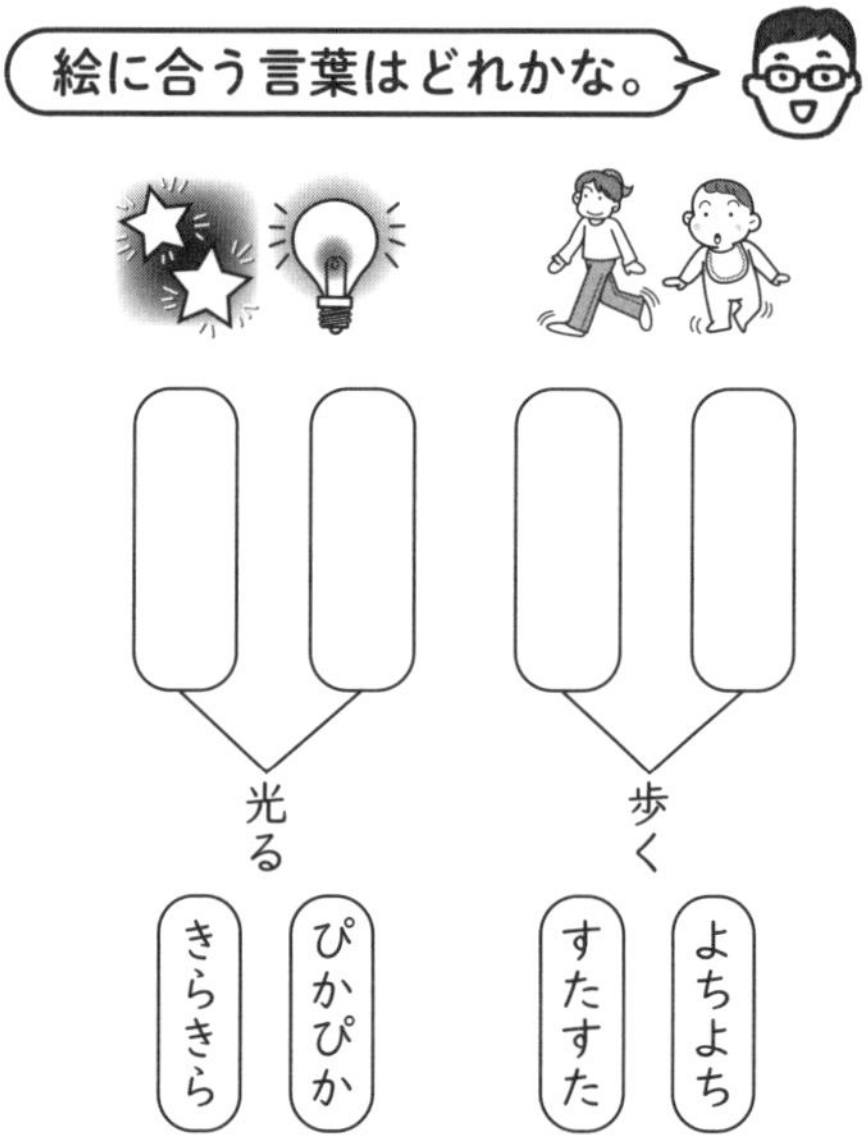
絵に合う言葉はどれかな。
歩く
光る
よちよち
すたすた
ぴかぴか
きらきら

POINT

小学生のAくんは、雨が降る音が「つぼんつぼん」と聞こえるそうです。子どもたちの素直な感覚で見たまま、聞いたままに表現することが語彙を広げることにつながります。もし独特な表現であっても、「それはおかしい」とは言わずに、「いいね」「おもしろいね」と子どもの感性をいっしょに楽しんでいきましょう。

学び
9 たとえ（比喩）を理解する

親の視点

「まるで○○のようだ」と、何かにたとえる表現がわかりません。「何かを何かにたとえる」という意味がわかりにくいようで、言葉どおりに受け取ってしまいます。

子の視点

「あの人は氷のように冷たい人だ」って書いてあるけど……この人は氷なのかな？　人なのかな？　人なのに氷なの？　よくわからないからスルーしておこう。

学びの手立て

何かの様子をよりわかりやすく伝えるために別のものにたとえて伝える「たとえ（比喩）」は、イメージをすることが苦手な子にとってはとてもわかりにくい表現の一つです。どんな特徴を表しているのか、一つひとつ具体的なイメージにつなげていきましょう。

使ってみたい教材・教具↓145ページ

STEP 1 好きなもので考える

アニメなどで好きなキャラクターはどんなキャラクターかを聞いてみましょう。「強い」であれば、ほかに「強い」ものにはどんなものがあるかを考えるようにうながします。「ねこが好き」な子どもだったら「ねこはどんな生き物かな？」「ねこのどんなところがかわいい？」、「海が好き」な子どもだったら「海はどんなところかな？」などやり取りしながら、思い浮かんだことや関連することをたくさん話してみましょう。

例 チョコレートはどんな味？↓「あまい」↓じゃあ「あまいもの」って、ほかに何があるかな？
など。

STEP 2 言葉とイメージをつなげる

言葉のイメージ遊び　一つの言葉からイメージを広げてみます。

例　「わたあめ」はどんなイメージ？
（実際に写真や実物を見せてあげるとよい）
↓「白い」「やわらかい」「ふわふわしている」
「とけてしまいそう」

子どもが思い浮かぶイメージを自由に言葉にし、人によって発想がちがうおもしろさも感じられるようにしましょう。

似ているもの探し　一つの言葉の特徴を、「似ている」別のものにつなげてみます。

例　「りんご」と共通点があるものを探そう。
↓「まるい」↓「ほかに、まるいものは？」
↓「赤い」↓「ほかに、赤いものは？」

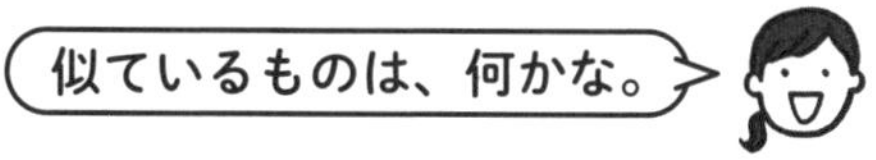
似ているものは、何かな。

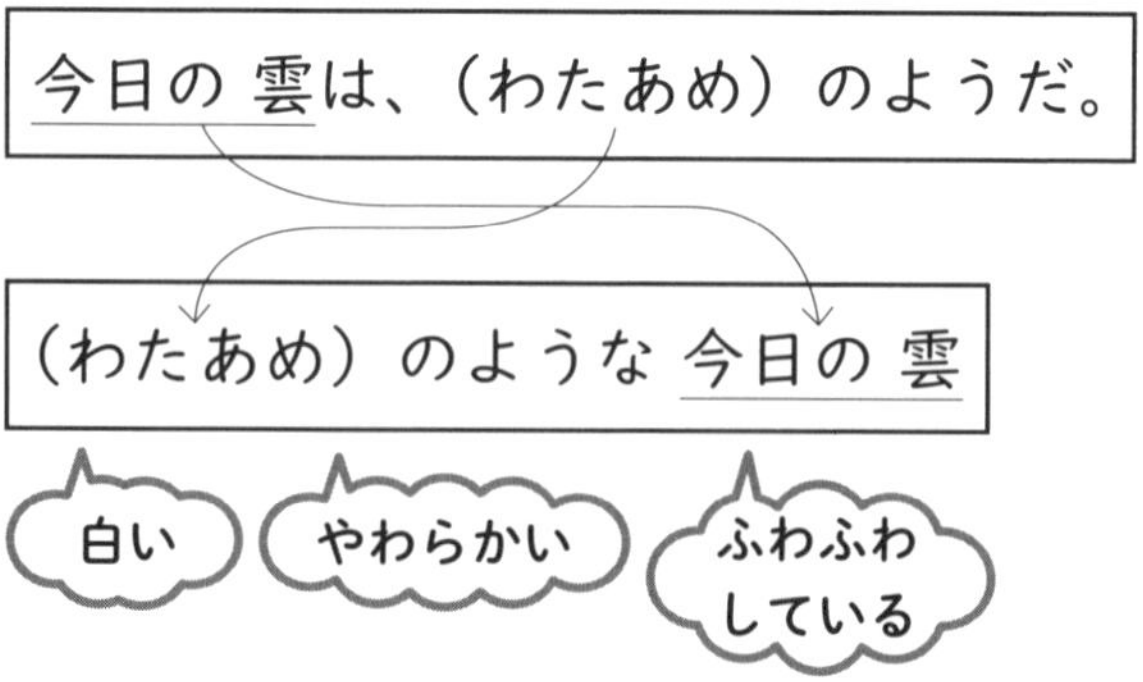
今日の 雲は、（わたあめ）のようだ。
（わたあめ）のような 今日の 雲
白い
やわらかい
ふわふわしている

STEP 3 文をつくって練習する

ワークやドリルで、何を何にたとえているのか読み取ってみます。また、自分だったら何にたとえるかを考えさせてみましょう。親子でたとえを使った文をつくってみるのもいいですね。

（　　　）のように、流れるあせ。
（　　　）のように、まるい月。
（　　　）のように、小さい字。
（　　　）のように、冷たい手。

POINT

比喩表現は、子どもにとっては「実体がなく、あいまいでわかりにくい表現」の一つです。その「わかりにくさ」を理解してあげたうえで、たとえば「スポンジみたいに」は、「すごくやわらかいということを表そうとしているんだよ」など、実物をさわらせるなどして、ていねいに伝えていきましょう。すぐ理解できなくてもだいじょうぶ。成長して生活経験を重ねることで、気づけることも増えていきます。

学び
10 気持ちを表す言葉を知る

親の視点

日記や作文に「おもしろかったです」「楽しかったです」などと書くものの、それ以上自分の気持ちを表現することが苦手です。ふだんの生活の中でも、「どう思ったの？」と聞いてもうまく答えられないことがあります。

子の視点

「どんな気持ち？」って聞かれても、どんなって何かな。自分の気持ちは見えないから、うまく説明できないよ。いつもの「楽しかった」「おもしろかった」でいいんじゃない？

学びの手立て

目には見えない「気持ち」（感情）を子どもが理解し、さらにそれを言葉で表現することは難しいものです。まず、自分の心の中にいろいろな「気持ち」があることに気づき、気持ちを表す言葉を知ることから始めましょう。

使ってみたい教材・教具↓145・148ページ

STEP 1 気持ちを表す言葉と表情や体験を結びつける

「うれしい――やったね！」「かなしい――めそめそ」「おこった――いらいら！」など、子どもがイメージしやすい「気持ち」を考え、そのときどんな表情になるか鏡を見ながら表現してみて、気持ちと表情がつながっていることを確かめます。また、最近「うれしかったこと」「かなしかったこと」などを自由に話して、「気持ち」が「体験」とも結びついていることに気づけるようにします。話をする中で、「もしかしたらそれは、『うれしい』よりも『あんしんした』かな」「それは、『かなしい』よりも『くやしい』かもしれないね」というようにつけ加えながら、気持ちを表す言葉はたくさんあることに気づけるようにしていきます。

STEP 2 「気持ち」を表す言葉を集める

「うらやましい」「さみしい」など、日本語には細かい心の動きを表す言葉がたくさんあります。絵本や物語から抜き出して、「気持ち」を表している言葉を集めましょう。自分だけの「気持ち辞典」をつくって、子どもが何度も読み返したり、エピソードなどを書き足したりできるようにしておくと、自分の気持ちを伝えるときや、作文や感想文を書くときにも活用できます。

STEP 3 物語を読んで登場人物の「気持ち」について話す

小さい頃に好きだった絵本や物語、また、よく見ているアニメや映画などを見て、「今、○○はどんな気持ちだったのかな」を考える機会をつく

「気持ち辞典」をつくる

すっきりする
よくねて、頭がすっきりする。

うらやましい
話じょうずの人がうらやましい。

わくわくする
テレビの新番組の予告にわくわくする。

いらいらする
電車がおくれていらいらする。

あるある！こんな気持ち！

ります。言葉以外にも、そのときの状況や表情やしぐさから読み取れる「気持ち」もたくさんあります。

「くちびるをかみしめている」「がっくり肩を落とした」「まゆをひそめている」など、その「動作」からうかがえる「気持ち」との関係についてもいっしょに考えてみるとよいでしょう。

表情やしぐさから気持ちを読み取る

すわったり立ったりをくり返している。

例・落ち着かない
・心配
ほかには……？
・
・
・

ぴょんぴょんとびはねている。

例・うれしい
・
・
・
・

POINT

大人のほうも、「気持ち」の伝え方じょうずになりましょう。子どもに「がんばったね」と言葉だけで伝えても、その表情がいつもと変わりなければ、子どもは「ほめられてうれしい」とは感じません。「○○ちゃんが楽しそうで、お母さんもうれしいな」「お手伝いをしてくれて感激しちゃった」など、ポジティブな言葉と表情で、子どもに伝えていくことを心がけましょう。

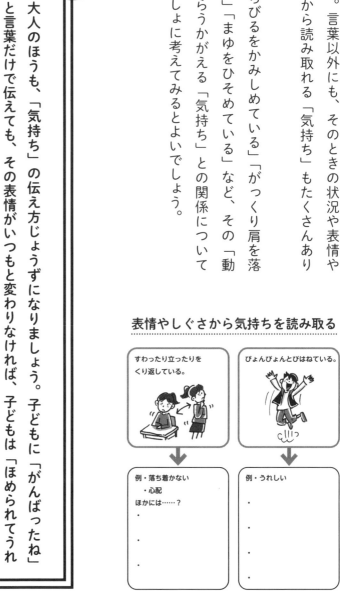

学び
11
文・文章を正しく読む

親の視点

教科書の音読をすると読みまちがいが多く、行をとばしたり、勝手に文末を変えたりしてしまいます。「よく見て読んでね」と言うのですが……。

子の視点

文を読むのはたいへん。ちゃんと読もうとしているのに「そうじゃない」「またまちがった」って言われてばかりで、もう、どこを読むのかわからなくなっちゃった。みんなは、どうしてすらすら読めるのかな。

学びの手立て

「読む」ことの苦手さの背景には、文字を正確にとらえることや目で追っていくことの苦手さ、文字を音に変換することに時間がかかる、言葉のまとまりをとらえにくい、漢字が読めないなど、子どもによっていろいろな苦手ポイントが考えられます。子どもが音読するときの様子をよく観察し、苦手なところをサポートしながら練習しましょう。

使ってみたい教材・教具↓150・151ページ

STEP 1 読む前に情報を伝える

読むことの負担が大きい子は「一文字ずつ音に換える」ことはできても、同時に意味や内容を理解しにくいことがあります。読む前に、「きりんについて書かれたお話だよ」「きりんの首はどうして長いのか、その理由が書いてあるよ」など、だいたいの内容を伝えておくと、イメージしやすくなります。最初に読み聞かせをしてあげたり、いっしょに音読したりしてもよいでしょう。

STEP 2 子どもに合わせて文字の大きさや文章の量を調整する

子どもが読みやすい「文字の大きさ」「読む量」に調整します。言葉をとらえることが苦手であれば文節ごとに区切る、漢字の読みが苦手な場合には読みがなをつけるなど、どんな工夫や配慮があれば読みやすくなるかを、いっしょに考えてあげましょう。

文章を拡大コピーし、段落ごとにカードにすると紙芝居のように読めて、内容が理解しやすくなります。

STEP 3 定規などを活用する

行をとばしてしまうことが多い場合は、一行ずつ読みやすい「リーディングルーラー」などの文

文章を段落ごとにカードにする

①冬《ふゆ》の間《あいだ》に、たまごからさけの赤ちゃんが生まれます。さけの赤ちゃんは、しばらくは川《かわ》底《ぞこ》でじっとしています。

②春《はる》になってあたたかくなると、川底《かわぞこ》の小石の間《あいだ》からさけの子どもたちが出てきます。二か月ほどで川を下り、しばらくは、川が海《うみ》に注《そそ》ぐ川口《かわぐち》ですごします。遠《とお》くの海《うみ》まで行《い》けるように、力をつけるのです。

③夏《なつ》になるころ、さけはいよいよ長《なが》い旅《たび》に出《しゅっ》発《ぱつ》します。日本からはなれたさけは、太平洋《たいへいよう》の北部《ほくぶ》を回《まわ》ってくらします。

援グッズもあります。定規や下じきを代用して、「ここを読めばよい」を、わかりやすくすることもできます。

また、段落ごとに蛍光ペンで囲むことで、文章のまとまりがわかりやすくなります。

定規を使って、1行ずつずらして読む

朝《あさ》のあいさつの「おはよう」は、もともとは「お早いですね」と、相手《あいて》が自分《じぶん》より早く起《お》きて、よく働《はたら》いていることをほめる

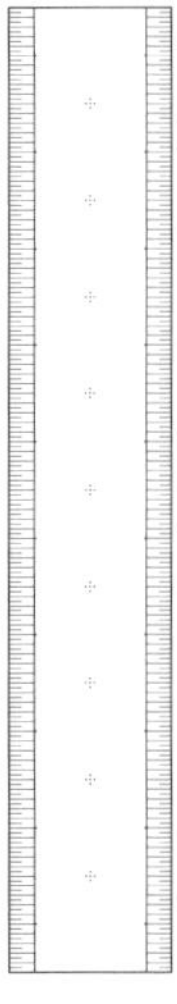

昼《ひる》に使《つか》う「こんにちは」は、「きょう」という意味《いみ》の「今日《こんにち》」という言葉《ことば》からできました。「こんにち（今日）は、〇〇ですね。」などと、はじめは「こんにちは」のあとに「いい天気ですね」などの言葉《ことば》が続《つづ》いていたのが、「こんにちは」だけになったのです。

POINT

音読が苦手な子どもは、時間がかかったり、読みまちがいが多かったりしながらも、がんばって読もうとしています。読みの苦手さがあると、国語以外の教科や生活の中にも影響があるので、早く気づいてあげることが大切です。デジタル教科書など、「読み」を助けるいろいろな教材やグッズもありますので、専門機関にも相談するなどして、その子に合うものや方法をいっしょに見つけてあげましょう。

学び

12 短い文から5W1Hを読み取る

親の視点

国語のテストで問題に正しく答えることができません。「だれが」と聞かれているのに、場所について答えたりします。何がわかりにくいのでしょうか。

子の視点

「どうして」の答えは、どこに書いてあるのかな。「だれ」ってどんな意味だっけ。よくわからないから、思い出したことを順番に答えていこう。

学びの手立て

文・文章を理解する基本は、5W1Hといわれる「いつ」「どこで」「だれが」「何を」「どうして（なぜ）」「どのように」を押さえることです。答えは文の中に書かれているので、その中の「何を聞かれていて、何を答えたらよいのか」、具体的でわかりやすいことから読み取って答える練習をしていきましょう。

使ってみたい教材・教具 ↓ 145ページ

STEP 1 「いつ」を読み取る

日にちや時間に関する言葉を入れた文を示して、「何曜日かな」「何時かな」と、具体的に問いかけます。「昨日・今日・明日」「朝・昼・晩」「〇月〇日、〇曜日」「〇時」などの言葉に気づけるように、最初は「いつ」を表す言葉に線を引いたり蛍光ペンで色づけしたりするとよいでしょう。

STEP 2 「だれが」を読み取る

一文を示して、「だれが」を文の中から取り出して答えることができるようにします。

例 「田中さんは、きのう　学校を　休んだ。」

「だれが？」がわかりにくいときは、「田中さんかな」「大木さんかな」と選択肢を出します。

STEP 3 「どこで」「何を」「どうして」を読み取る

「どこで」は場所に関すること、「何を」は対象に関すること、「どうして」は理由に関することなどを理解して、文の中から選べるようにします。

例 「あゆみさんは、歯が　痛かったので、お母さんと　歯医者さんに　行きました。」

一文から「だれが」を問いかける

ぼくが　はん長です。……………… だれがはん長ですか。

先生が　話して　います。………… だれが話していますか。

田中さんが　お休みです。………… だれがお休みですか。

だれがお休みだったの？
田中さん！

問題「どうして歯医者さんに行ったのですか。」

「どうして」が「理由」を聞くときの言葉であり、答えるときは「歯が痛かった」だけでなく「歯が痛かったから」のように答えることなどを練習していきます。

長い文章も、一文ずつ読み進めていくことで理解しやすくなります。

POINT

「いつ」「どこで」「だれが」などの意味を理解して読み取る力は、会話の中にもいかされます。文を理解する基礎となる「一文」（句点「。」まで）の読み取りをいろいろなパターンで何度も練習しましょう。一文を読み取る力が、長い文章を読み取る力につながっていきます。

学び 13

物語を読み取る

親の視点

物語を読んで登場人物の気持ちを想像することが難しいようで「自分のことでないからわからない」となってしまいます。

子の視点

知らない人がたくさん出てきて、会ったこともない人なのに、その人の「気持ちを考える」なんてぜったいに無理だ。ちゃんと書いておいてほしいよ。

学びの手立て

物語はストーリーがあるのでわかりやすいという子もいれば、何かについて具体的に書かれているので説明文のほうがわかりやすいという子もいます。「イメージする（想像する）」ことの苦手さがあると、「書いていないことはわからない」となりやすいので、お話の内容をリアルにイメージできるような支援が必要になります。

使ってみたい教材・教具↓150・151ページ

STEP 1 段落ごとに整理する

物語の世界について、「出てきた人（登場人物）」「場所（物語の舞台）」「何が起こったか（出来事）」などを整理できるようにします。読みの負担がある子には、読み聞かせをしてあげましょう。

例 「注文の多い料理店」

・出てきた人はだれか↓二人の若い紳士・山ねこ

・場所はどこか↓だいぶ山おく

・何が起こったか↓二人の紳士が一軒の西洋料理店を見つけて中に入るが、店内にはいくつものとびらがあって、そこにはお客への注文が書かれていた。

STEP 2 登場人物の関係図をつくる

物語に登場する人物の関係を紙やノートに図で表していきましょう。線を引きながら、書かれている情報を整理していきます。また、絵が好きな子はイラストで表現しても楽しいでしょう。

STEP 3 場面の流れを理解する

場面ごとに、登場人物の「何をしたか（行動）→どうなったか」「発言」「気持ち」などに線を引きながら整理し、行動の変化、気持ちの変化などをわかりやすいようにまとめていきます。

STEP 4 「自分だったら」を考える

最後に、「もしも自分だったらどうする？」を

気持ちや様子を表す部分に線を引く

同《おな》じマンションにすんでいるかなとあやは、ようち園《えん》のころからのなかよしです。

もうすぐ夏休《なつやす》みという日《ひ》、いつものようにふたりで学校《がっこう》から家《いえ》に帰《かえ》る道《みち》で、かなは、うきうきと夏休《なつやす》みの話《はなし》をしていました。

でも、きょうのあやは、元気《げんき》がありません。

「どうしたの？」

「あのね……、うちのお父《とう》さん、てんきんするんだって……。それで、夏休《なつやす》みに引《ひ》っこしすることになったの。」

かなは、頭《あたま》の中《なか》がまっ白《しろ》になってしまいました。

考えてみます。言葉にしにくいようであれば、「〇〇くんに似ているのはだれ？」のように登場人物の中から共感できる人物を一人選んで、その言動について話し合ってもよいでしょう。また、主人公に手紙を書かせてみたり、「印象に残った場面」「おもしろかった場面」について絵をかかせてみたりすると、子どもがお話をどのようにとらえていたかを理解する手がかりにもなります。

POINT

イメージすることが苦手な子どもには、ストーリーの流れや登場人物の言動・気持ちを「見える化」してあげることが必要です。物語の場面を絵にかいてみたり、動画とあわせて楽しんだり、実際にお話の中に出てきた場所と同じようなところに行ってみたりするのもいいですね。

気持ちについて話し合う

「あや」が元気がなかったのは、なぜかな。
夏休みに引っこしをするから。
もし、ともくんだったら、どんな気持ちになる？
う～ん。ぼくだったら、かなしいな。

学び 14

説明文を読み取る

親の視点

説明文を読んでいても、内容に興味がないのか、あまり頭に入らないようです。学校の読解のテストでも、問題で聞かれていることに正しく答えることができません。

子の視点

あまりおもしろい話じゃないし、全部読むのもたいへんだ。問題だけ読んで適当に答えちゃおう。

学びの手立て

説明文とは、あるものや事柄について「説明している」文章です。事実が具体的に書かれているところが物語とのちがいです。教科書の説明文以外にも、「動物」「鉄道」「宇宙」など、子どもの大好きなものについて説明している本や資料はたくさんあります。子どもが興味をもちそうなテーマから取り組み、「知らなかったことがわかった！」「新しいことを知った！」となるように読み進めていきましょう。

使ってみたい教材・教具➡150・151ページ

STEP 1 「何について」書かれているかを知る

いきなり「読んでみて」ではなく、子どもが読む前に「この文章は○○について書かれているよ」と、何についての説明文かを共有します。

たとえば、「ねこ」について書かれた文章であれば、「ねこ」について子どもがどんなことを知っているか、まず子どもに「ねこ」について説明してもらい、そのテーマにどのくらいの知識があるかを楽しみながら確かめておきます。

STEP 2 段落に分ける

長い文章を読むことに負担が大きい子も多いため、蛍光ペンなどで段落を区切ってわかりやすくして、段落ごとに読んでいくようにします。段落番号を書く習慣をつけておくのもよいでしょう。

次に、段落ごとの重要な文に注目します。たとえば、「○○は、どうしてでしょうか」という問いかけが書かれている場合は、どこかの段落に「答え」が書かれています。また「その理由」や「例」など、どの段落にどんな内容が書かれているか、大事な箇所を蛍光ペンで色づけするなどして、文章全体を理解しやすくしていきます。最後に「わかったこと・興味をもったこと」などを書き加えておくとよいでしょう。

段落に分ける

1 ありは、いつもいそがしそうにすをほったり、えさをはこんだりと、いかにもはたらきもののように見《み》えます。でも、これらのありは、地《じ》めんの上《うえ》に出《で》てきたありです。すの中《なか》でも一生《いっしょう》けんめいはたらいているのでしょうか。

地めんの上でのありの様子

2 すの中《なか》をのぞいてみると、なにもしないでじっとしているもの、ただぶらぶらすの中《なか》を歩《ある》いているものなど、なまけもののありがたくさんいます。

すの中のありの様子

3 ではなぜ、なまけもののありがすの中《なか》にいるのでしょう。

問い

4 ありには、てきがたくさんいます。もしも、はたらいているありがほかのどうぶつにたくさん食《た》べられて数《かず》がへったりすると、えさがあつめられなくなり、すにすむありが、ぜんぶしんでしまうかもしれません。

理由

5 ありは、このようなことにならないように、いつもあまるくらいたくさんのありがすにいるようにしています。

答え

STEP 3 全体を振り返る

文章を読んだら、「振り返り」ができるように、段落ごとに質問をしてあげましょう。「何について書かれていたかな？」「何を説明していたの？」「わかったことを教えてくれる？」のように、段落を追って大事な点を確かめていきます。

「振り返り」をする

何について書かれていたかな。
ありのこと。
はたらいているありがへると、どうなるか教えて。
あのね……

POINT

説明文は具体的な文章ですので、設問の答えに該当する内容は文章中に書かれています。よく読まずに答えだけをさっと抜き出す要領のよい子もいますが、説明文のおもしろさは、「知らなかったことを知る」というところにあります。設問に正しく答えることだけでなく、その文章を読むことで「新しいことがわかった」と思えるようにしましょう。実際に詳しく調べてみると理解が深まりますね。

学び 15

要約する

親の視点

文章をそのまま見写して書くことはできますが、文章全体を短くまとめて書くことが苦手です。「大事なことを短くまとめよう」と声をかけても、どうまとめればいいいか、とまどっています。

子の視点

「まとめる」ってどういう意味？　「大事なこと」をどうやって見つけたらいいかわからないけれど、そのまま全部書いておけば安心だよね。

学びの手立て

「要約」とは文章や話の全体を短くまとめることです。「文章全体を把握する」「大事な情報を的確に読み取る」力が必要なので、子ども一人では難しい場合もあります。いっしょに読み進めながら「まとめる」力をつけていきましょう。

使ってみたい教材・教具↓150・151ページ

STEP 1 「二文」を「一文」にする

要約のコツをつかむために、二文を一文にまとめる練習から始めましょう。

例 ①明日は運動会がある。
②雨の場合は、運動会は延期になる。
↓「明日は運動会があるが、雨の場合は延期になる。」

例 ①日曜日に家族で水族館に行きました。
②イルカのショーを見ました。
↓「日曜日に家族で水族館に行き、イルカのショーを見ました。」

STEP 2 お話をまとめる

よく知っているお話をまとめて、要約文にしてみます。最初は穴埋めにして練習しましょう。

例「うさぎとかめ」

要約文 うさぎと（かめ）が、どちらが速いか（きょうそう）をした。（うさぎ）が途中でいねむりをしてしまい、それを追いこした（かめ）が勝った。

STEP 3 大事な文を抜き出して要約文を書く

説明文を段落ごとに読み取ったあとで、各段落の大事な文に線を引きます。線を引いてある大事な文を抜き出してつなげると、要約文になります。書けたら音読してみましょう。

段落ごとの大事な文に線を引く

コアラ

コアラは、一日の多くの時間を、ユーカリという木の上で過《す》ごしています。一日のほとんどをねて過《す》ごし、動《うご》き回《まわ》るのは、夕方から夜の食事《しょくじ》のときだけです。

コアラは、ユーカリの葉《は》と芽《め》を食べます。ほかの動物《どうぶつ》は、ユーカリの葉《は》を食べません。ユーカリには毒《どく》があり、ユーカリを食べて栄養《えいよう》にすることができるのはコアラだけです。水分もユーカリからとります。コアラは、ユーカリだけを食べているので、ユーカリの木の上にいれば、食《た》べ物《もの》を探《さが》す必要《ひつよう》がありません。

また、ユーカリの木は大きく、コアラは木の枝《えだ》にうまくはさまってねむります。木の上は敵《てき》におそわれることもほとんどなく、安全《あんぜん》です。

だから、コアラはユーカリの木の上で暮《く》らしているのです。

STEP 4 生活の中で応用する

電話の用件、先生からの伝言、今日の出来事など、大事なことを短くわかりやすく伝える練習をしてみましょう。足りない情報があれば質問し、最後は「よくわかった」ということを伝えましょう。

線を引いた文をつなげる

コアラは一日の多くの時間をユーカリの木の上で過ごしている。

コアラはユーカリだけを食べるので、ユーカリの木の上にいれば食べ物を探す必要がない。

また、木の上は敵におそわれることもほとんどなく安全だ。

だから、コアラはユーカリの木の上で暮らしている。

POINT

たくさんの情報の中から大事なポイントを選択することが苦手な子もいます。「要約」の前に、文章のここが大事という部分に蛍光ペンで線を引いたり、メモに書いたりして、いっしょに情報を整理してあげましょう。付箋に大切なことを一つずつ書き出して、あとから並べかえるのもわかりやすい方法です。

学び
16
情報を読み取る

親の視点

学校のおたよりや掲示物から大事なことを正確に読み取ることができず、あとから「知らなかった」ということがよくあります。何度も見ていたはずなのに……。

子の視点

ポスターが貼ってあったのは見たけれど、それに何が書いてあるかまではわからなかったよ。大事なことなら、直接言ってくれればいいのに……。

学びの手立て

生活の中にはいろいろな情報があふれています。難しい文章でなくても、「情報が多すぎてわかりにくい」という子もいます。必要な情報、大事な情報を読み取ることができるように、身近なポスターやお知らせ文などを利用して、ふだんから練習していきましょう。

使ってみたい教材・教具↓151ページ

STEP 1 学校のおたよりから練習する

「遠足のお知らせ」など、学校から持ち帰るおたよりなどは、子どもの生活に身近な情報の一つです。これらのお知らせには、「何があるのか」「日時」「場所」「予定」「持ち物」など、「大事なポイント」がわかるように書かれているので、読みがなをつけたり蛍光ペンを使って大事なところに線を引いたりして、子どもといっしょに読むようにしましょう。行事の予定以外にも、時間割や予定表、給食のメニューなど、子どもといっしょに読んで共有できるようにしていきましょう。

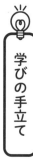

STEP 2 身近な情報を読み取る

ふだんの生活の中でも、動物園や映画館などの料金表、駅などの案内表示板、クリーニングの料金表、自治体からの案内、ごみの分別表、レストランのメニューなど、身近なところに情報はたくさんあります。それらは「生きた教材」として、必要な情報を読み取る練習に活用できます。学校の持ち物の購入表なども、親がすべてやってあげるのではなく、子ども自身に記入させるなどして、ふだんから練習しておきましょう。

STEP 3 表やグラフを読み取る

アンケート調査の結果や年間の平均気温・降水量のグラフなど、それぞれ「何についてのどんな情報を表しているか」をいっしょに読み取ってみ

おたよりから情報を読み取る

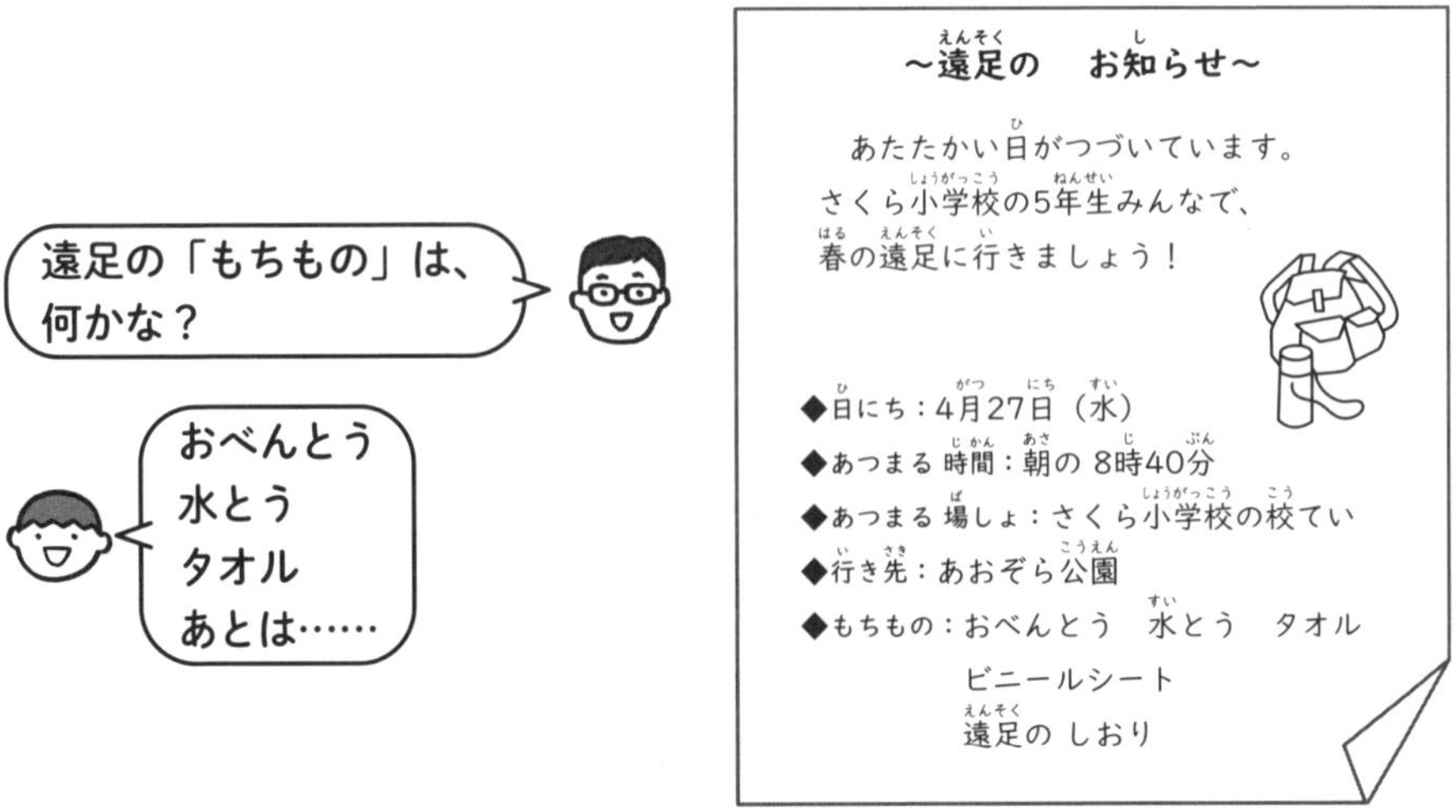
遠足の「もちもの」は、何かな？
おべんとう
水とう
タオル
あとは……
〜遠足《えんそく》の　お知《し》らせ〜
あたたかい日《ひ》がつづいています。
さくら小学校《しょうがっこう》の5年生《ねんせい》みんなで、
春《はる》の遠足《えんそく》に行《い》きましょう！
◆日《ひ》にち：4月《がつ》27日《にち》（水《すい》）
◆あつまる 時間《じかん》：朝《あさ》の 8時《じ》40分《ぷん》
◆あつまる 場《ば》しょ：さくら小学校《しょうがっこう》の校《こう》てい
◆行《い》き先《さき》：あおぞら公園《こうえん》
◆もちもの：おべんとう　水《すい》とう　タオル
ビニールシート
遠足《えんそく》の しおり

ましょう。子どもが見やすいようにグラフを拡大したり、グラフの縦と横の軸が何を表しているかをわかりやすく書いて示したりしてあげるとよいでしょう。表やグラフは物事が整理されていてわかりやすいこと、その変化や傾向が読み取れることと、必要なときに必要な情報がわかることなどに気づけるようにし、子どもが興味をもてるようにしましょう。

POINT

外出先でのテーマパークなどのチケットの購入、支払いや注文の機会があれば、子どもにできることはお願いしていきましょう。「頼りにされている」と思えば、子どもも家族のために一生懸命になって必要な情報を読み取ろうとします。多少時間がかかっても、生活力につながりますので、ぜひチャレンジさせてあげてください。

グラフを読み取る

けがをした人が、
いちばん多い時間は？

〈グラフ①〉けがをした時間調べ（5月）

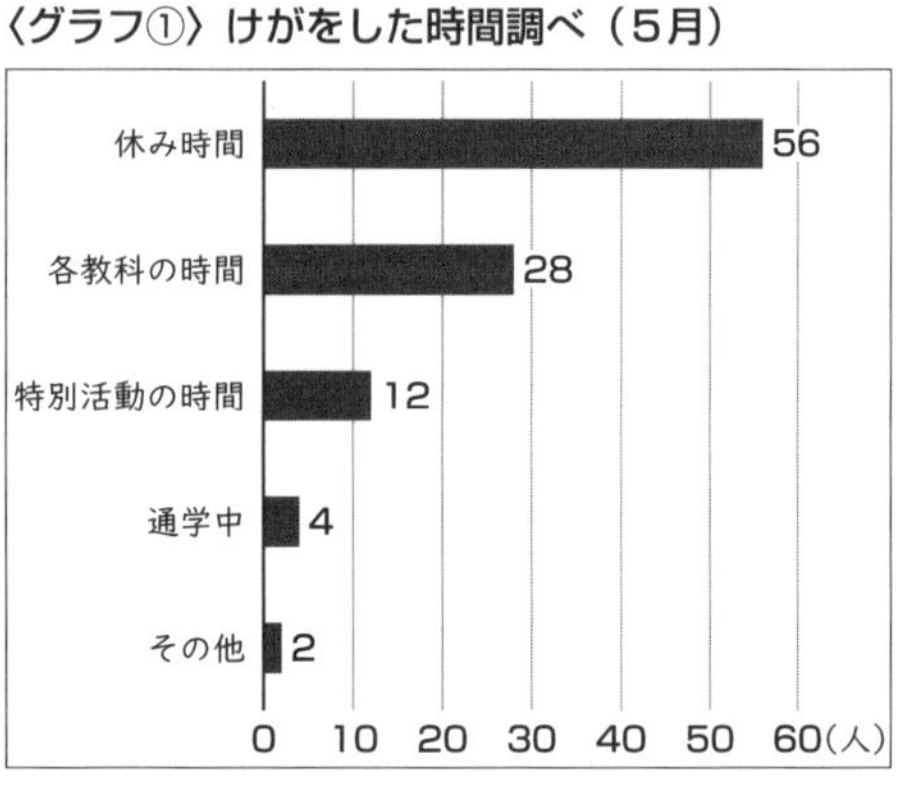
休み時間
56
各教科の時間
28
特別活動の時間
12
通学中
4
その他
2
0
10
20
30
40
50
60（人）

学び

17

助詞を正しく使って文を書く

親の視点

「ぼく　カレーライス　たべた。」のように、会話の中でも助詞を使わずに単語で話すことが多く、文を書くときにも助詞をまちがえて使ったり抜けてしまったりすることが目立ちます。

子の視点

「が」とか「を」とかを入れなくてもちゃんと話は通じるのに、これにどんな意味があるの？　どこに何を入れたらいいかわからないよ。

学びの手立て

助詞は言葉と言葉をつなぐ大事なはたらきをしていますが、子どもはあまり気にしていないことも多いようです。短い文を読んだり書いたりする段階から「言葉についている助詞」にも注目して、適切に使えるようにしていきましょう。

使ってみたい教材・教具↓145ページ

STEP 1 二語文を読む

「りんごをたべる」「くるまにのる」などの二語文を声に出して読んでみましょう。助詞に蛍光ペンで色をつけるなどしておくと、意識して読むことができます。市販の「ぶんカード」なども使って絵と文を対応させます。絵を見せながら、「だれがいる？」「何をしている？」と問いかけて言葉を引き出し、子どもが二語文で答えるようにしてもよいでしょう。

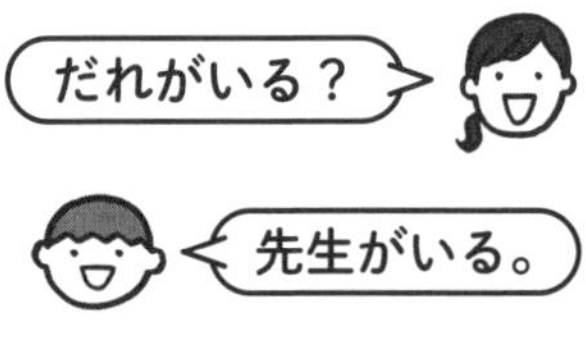

STEP 2 助詞の役割を考える

まず二語文をつくって、「は・が・の・を・に」の意味のちがいを考えてみます。たとえば、「先生は（　元気だ　）。」「先生が（　笑う　）。」「先生の（　かばん　）。」「先生を（　さがす　）。」「先生に（　話す　）。」の（　）の中に入る言葉を選択肢から考えるようにします。文ができたら音読をして、助詞を意識できるようにしていきましょう。

STEP 3 助詞を書き入れる

STEP②と同様に、複数の助詞を選択肢として示して、その中から選んで書き入れるようにします。書き入れたら一文を読んで確認しましょう。また、一文の中に二つの助詞を入れる練習もして

□に入る助詞カードを選ぶ

ごはん□食《た》べる。

車《くるま》□走《はし》る。

自《じ》てん車《しゃ》□のる。

わたし□三年生《さんねんせい》です。

助詞カード

を　が　は　に　の

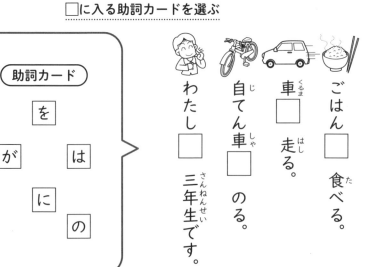

みましょう。

例 ごはんをたべる。↓わたしはごはんをたべる。

STEP 4 助詞を入れる

「ねこがねずみをおいかける。」の「が」と「を」を入れかえたらどうなるかなと聞いて、助詞を入れかえます。「ねこをねずみがおいかける。」では、文の意味がまったく変わってしまうことをイラストなどで見せ（見える化）、助詞の役割を理解できるようにします。

ぼくは、カレーが食べたい。
いいね。

POINT

助詞の使い方が適切でないと、意味がちがってしまうことがあります。「コップでのむ」「コップをのむ」など、意味の「ちがい」に子どもが気づけるよう、ふだんの会話の中でも意識して使いましょう。ゆっくりわかりやすく話してあげてくださいね。

学び 18

句読点のつけ方を知る

親の視点

音読をするときに句読点を無視して読んだり、作文にも読点（、）を使わなかったり、句点（。）を書き忘れたりすることがあります。

子の視点

「点（、）」や「丸（。）」って、文を読むときは声に出して読まないのに、書くときにはなんで書かなくちゃいけないのかな？

学びの手立て

読点は「文の中の意味の切れ目」に、句点は「文の終わり」につけます。句読点を意識することで音読がじょうずに聞こえ、作文に使うことで意味がわかりやすくなるので、子どもが意識して使えるようにコツを教えていきましょう。

使ってみたい教材・教具↓145ページ

STEP 1　句読点を意識して読む

「、」（読点）は息つぎ、「。」（句点）は一つ休みのように、子どもがわかりやすい表現で伝えましょう。「、」「。」に蛍光ペンで色をつけた短い一文を読むことで、句読点を意識できるようにします。

STEP 2　読点による意味のちがいを考える

二つの文をゆっくり音読して、意味のちがいを考えます。読点の位置で文の意味がちがってくることに気づき、読点の必要性を感じられるようにします。

例
・ぼくはお母さんと、妹をむかえに行った。
・ぼくは、お母さんと妹をむかえに行った。

STEP 3 句読点を書く練習をする

お手本を見て、どの位置に書いたらよいのか、なぞり書きから練習しましょう。教科書の一文などを書き写してみてから、句読点の使い方を意識して、①なぞり書き→②手本を見て書く→③一人で書く のように練習しましょう。

STEP 4 文の中で書く

「長い文だから、息つぎをしようね」などとアドバイスして、読点を書くようにうながします。読点の位置が適切でない場合は、いっしょに考えてあげましょう。声に出して読んでみて、読点があったほうが読みやすい文になっていることを確かめます。

また、句点のない文章に句点を入れる練習をす

手本を見て練習する

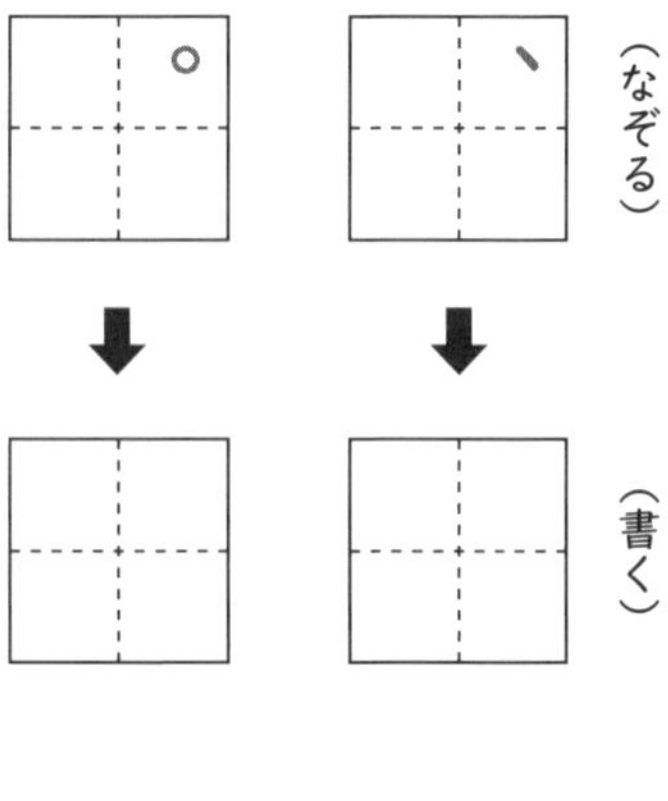

文の中で書く

公園には□
きれいな花が
さいていました□

ることで、句点がないと文の区切りがわからず読みにくいことを理解できるようにします。

文章に句読点を入れる

きのうの　休み時間に
ゆうたくんは　校ていで
ころんで　けがを　して
しまいました

POINT

句読点のほかにも、かぎ（「　」）の使い方など、一人で考えて使えるようになるまでには時間がかかります。「また忘れている！」と注意するのではなく、「この文に一か所『点（、）』を入れるとして、息つぎをするとしたらどこがいいかな？」「会話にはかぎ（「　」）がいるね」など、子どもといっしょに考えてあげましょう。

学び 19

作文メモをつくる

親の視点

作文を書くことが苦手で、なかなか書きたがりません。出来事の中から何を選んで書いたらよいのかわからないようです。テーマが決まっても、どのように書いたらいいかわからずに手が止まってしまいます。

子の視点

文をたくさん書くのはいやだし、めんどうくさい。出来事を思い出してって言われても、忘れちゃったよ。もう過ぎたことなのに、なんで作文を書かなくちゃいけないの。

学びの手立て

作文が苦手な子はたくさんいます。「たくさん文字を書くことが負担」「何から書いてよいかわからない」「事実でないことは書きたくない」など、その理由はさまざまです。子どもと相談しながら、次の①〜⑤の文字数を目安に、短い文章から負担なく楽しく書けるように練習します。

①50字→②100字→③200字→④300字→⑤400字（一般的な原稿用紙一枚）

使ってみたい教材・教具↓145・148ページ

STEP 1 テーマを決める

「好きなものを紹介します」など、子どもが興味のあるテーマや「先週の日曜日のこと」のように、すぐに思い出せそうなテーマで、50字くらいの短い文章から書いてみます。子どもからテーマが出てこないときは、「こんなことを教えてほしいな」というテーマを、こちらから提案してみましょう。

STEP 2 子どもにインタビューをする

テーマが決まったら、すぐに書きだすのではなく、そのテーマについて子どもにインタビューをしてみます。写真や動画などがあればそれを見せながら、「いつのこと？」「どこで？」など、時系列で具体的なことから聞いていきます。「どんな様子だったか」「どんな気持ちだったか」は、なかなか出てきにくいので、具体的に質問して、うまく言葉を引き出してあげましょう。

STEP 3 作文メモをもとに書く

作文メモをもとに作文に入れるエピソードを整理し、書く順番を決めます。STEP②の作文メモを付箋に分けて書いておくと、貼りかえながら順番を整理することができて便利です。

「どんな」を引き出す

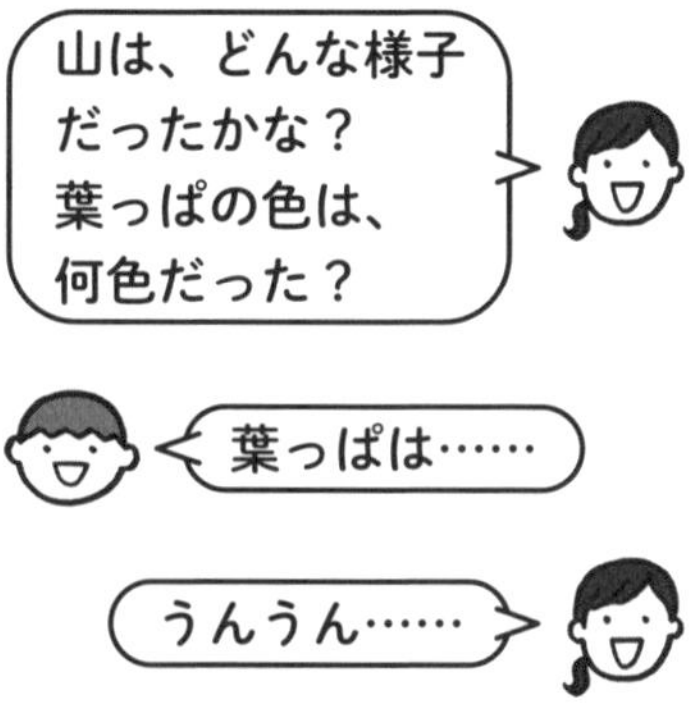

山は、どんな様子だったかな？葉っぱの色は、何色だった？
葉っぱは……
うんうん……

作文メモをつくる

いつ
どこ
何をした
気持ち

STEP 4 書く量を調整する

何字くらいで書けそうか、子どもと相談して決めていきます。書くことの負担が大きい子は、作文メモをもとに口頭で話してもらって、それを書き取ってあげたりPCなどの端末に入力してあげたりしてもよいでしょう。

書く順番を決めて書く

①	②	③
うちの犬のしょうかい。	犬との出会い。	犬とくらす楽しさ。

POINT

事前インタビューで子どもの言葉をうまく引き出してあげることがポイントです。「そうなんだ」「すごいね！」などリアクションを入れながら楽しく進めましょう。文字のていねいさや「習った漢字を使う」などは多く求めすぎず、PCで入力したり音声入力したりする方法も選択肢に入れて、本人に合う表現方法を見つけてあげましょう。

学び
20
順序立てて書く

親の視点

作文に書きたいテーマはたくさんあるようですが、思いつくままに書くので、読んでも何を伝えたいのかよくわかりません。書きたいことを整理して順序立てて書いたらと言っても、その意味がわからないようです。

子の視点

好きなことをたくさん書きたいし、書いているうちにアイデアがどんどん出てくるから、それも書いていくよ。楽しみにしていてね！

学びの手立て

伝えたいことや書きたいことがたくさんあるのはすばらしいことですので、それをどんな順番で組み立てていくとよいのか、その部分をサポートしていきましょう。

使ってみたい教材・教具↓145・148ページ

STEP 1 短い文で出来事を書き出す

作文を書く前に、その日の出来事を「いつ」「どこで」「だれが」「何を」「どうした」で書けるように練習してみます。一枚ずつ付箋やカードに書いていってもよいでしょう。その中から詳しく書きたいテーマを選ぶようにします。選んだテーマで、「最初に伝えたいこと」「もっとも伝えたいこと」「まとめにしたいこと」などを整理する時間をつくりましょう。

STEP 2 順に書く練習をする

順序立ててものの作り方の手順を書けるようにします。料理の作り方や工作など、本人が手順ややり方を知っているものを選んで、順に書く練習をしてみましょう。番号順に①②③④……のように書いていってから、「はじめに」「つぎに」「それから」「さいごに」などの順序を表す言葉を入れていきましょう。

STEP 3 順序立てて作文を書く

いきなり作文用紙に書くのではなく、STEP①・②で練習したように、何をどんな順番で書くかを決めて、「はじめに」「つぎに」「それから」「さいごに」の言葉に合わせてメモをつくってから書くようにしましょう。「ここがわかりやすく

順序を表す言葉を入れる

①はじめに	絵をかく。
②つぎに	はさみで切りぬく。
③それから	わゴムを通す。
④さいごに	お面をつける。

子どもと話す

はじめに、何をする？
色えんぴつで絵をかくよ。
その次は？
はさみで切る。
それから……？

書けているね」など、よいところを具体的に伝えていきましょう。「まだまだ書きたいことがある」という子には、作文とは別に専用のノートをつくってあげ、生活の中で書くことを楽しめるようにしていきましょう。

工作の手順を書く

POINT

自分の好きな世界に夢中で、「相手に理解しやすいかどうか」の視点が入りにくいことがあります。一気にいろいろ話しすぎてしまい伝わらないことがあっても、「何を言っているのかわからない」と指摘するのではなく、「もう一度順番に教えてね」など、子どもの世界を「知りたい」と思っている気持ちを伝えて、その子の言葉や気持ちを引き出していきましょう。

学び 21

読書感想文を書く

親の視点

本を読むことは好きなのですが、読書感想文が苦手です。どう教えたらよいかわかりません。毎年夏休みの宿題で読書感想文が出るたびに、親子で苦戦しています。

子の視点

本はちゃんと読んだよ。どんなことが書いてあったか、内容も覚えているよ。でも、「感想」って言われても、何を書いたらいいのか……。

学びの手立て

本を読むことが好きでも、「読書感想文は苦手」という子は多いものです。読書を楽しみ、感想文も楽しく書けたらよいですね。長くなくてもよいので、その子らしい感想文が書けるようサポートしましょう。

使ってみたい教材・教具↓148ページ

STEP 1 読みたい本を選ぶ

まず、「読みたい本」を選ぶことから始めます。実際に書店に行って、子どもに好きな本を選ばせましょう。選ぶ際には、推薦図書などの「〇年生相当」にとらわれず、子どもが負担なく読める長さの本にしましょう。子どもが興味をもつことに関して書かれた本を見つけられたらよいですね。本を選んだときに、なぜこの本を選んだのかを子どもに聞いておき、感想文に入れてもよいでしょう。

STEP 2 本を読む

読み始める前に「どんなお話なのか」を話して、本の世界に入っていきやすくしてあげましょう。「このお話は、エルマーという男の子が竜の子どもを助けるために動物島に行くお話よ。」というようにです。最初は大人が読んであげてもよいでしょう。何日かに分けて少しずつ読んで、「何が出てきたか」「かっこいい！」「おもしろい！」と思ったところは、付箋を貼ったりメモをとったりしましょう。

STEP 3 「感想文メモ①（基本情報）」をつくる

「本のタイトル」「本を書いた人」など、本についての基本情報をまとめてみましょう。また、物語は登場人物を書き出し、その関係図をつくります。「ひげが生えているんだね」「やさしい人だね」など、人物の特徴や人柄も書いていくとよいでしょう。

STEP 4 「感想文メモ②（お話の内容を振り返る）」をつくる

本の内容を場面ごとに分け、メモの上段にそれぞれどんな出来事があったかを箇条書きし、下段には「ぼく・私はどう思ったか」ひとことずつでよいので感想を書いていきましょう。「なぜそう思ったのか」「自分だったらどうしたか」などを書き加えてもよいでしょう。

STEP 5 感想文の構成を考えて書く

「感想文メモ①②」をもとに感想文の構成をいっしょに考えてあげて、感想文を書きます。書くことの負担が大きい子の場合は、話したことを録音したり書き取ってあげたりしてもよいでしょう。最後のまとめは、「こんなところが印象的だった」「次はこんな本が読みたい」など、子どもが感じたことを引き出してあげて、それを書くようにうながします。

POINT

感想文にはきまりがあるわけではないので、その子が書きやすいスタイルで自由に書いてよいのです。「読む」ことの負担が大きい子には「読む」部分をサポートし、「書く」ことの負担が大きい子には「書く」部分をサポートします。「お母さんはこの部分がよかったな」など、家族からも感想を伝えてあげるとよいですね。じょうずな感想文を書くことより、「読書を楽しめた」という経験が次の読書につながっていきますよ。

学び 22

漢字を読む

親の視点

漢字がなかなか覚えられません。学年が上がって習う漢字が増えているのに追いつかず、テストでも点がとれません。文章を読むときも、漢字でつまずいてしまいます。

子の視点

「語、話、記……」、どの漢字も同じに見えるよ。漢字は形がごちゃごちゃして難しいから、どうやって覚えたらいいかわからないや。

学びの手立て

「漢字の形を見て認識し、構成をとらえる」→「意味・読みを覚える」がスムーズにいくような支援を考えます。学年を下げて、すでに習った簡単な漢字から練習していきましょう。

①漢字の形と読みのマッチング→②へん・つくりを合わせる→③聞いて選ぶ→④漢字を見て一人で読む

使ってみたい教材・教具→146・147ページ

STEP 1 漢字カードをでかるた取り

おうちの人が読み上げた漢字を、並べた漢字カードの中から見つけて取ることができるようにします。最初は二～五枚の少ない枚数の漢字カードの中から選ぶ練習をし、慣れてきたらだんだん枚数を増やしていきましょう。漢字カードを取れたら、自分でも声に出して漢字を読むようにします。

・「犬はどれ？」（「イヌ」という音を聞いて、「犬」の漢字カードを選ぶ）
・「ワンワンとほえるのは？」（犬をイメージして、「犬」の漢字カードを選ぶ）

STEP 2 漢字パズルで漢字を組み立てる

漢字の「へん」と「つくり」に分かれた漢字カードを使って、パーツを組み合わせて漢字をつくってみましょう。「にんべんの漢字がいくつできるかな？」「さんずいは、水に関係する漢字が多いね」など、少しずつ部首の名前や仲間の漢字を覚えるようにしていきます。

STEP 3 オリジナルの漢字カードをつくる

漢字を自分で覚えやすいようなカードにしてみましょう。オモテに漢字、ウラには読み方と意味やイラストなど、漢字の手がかりとなるヒントを入れておきましょう。カードは読む・書くの負担が少ない大きめのものを選びます。漢字をイラスト化することで覚えやすい子、「十つぶの豆を口

漢字のパーツの組み合わせ・分解

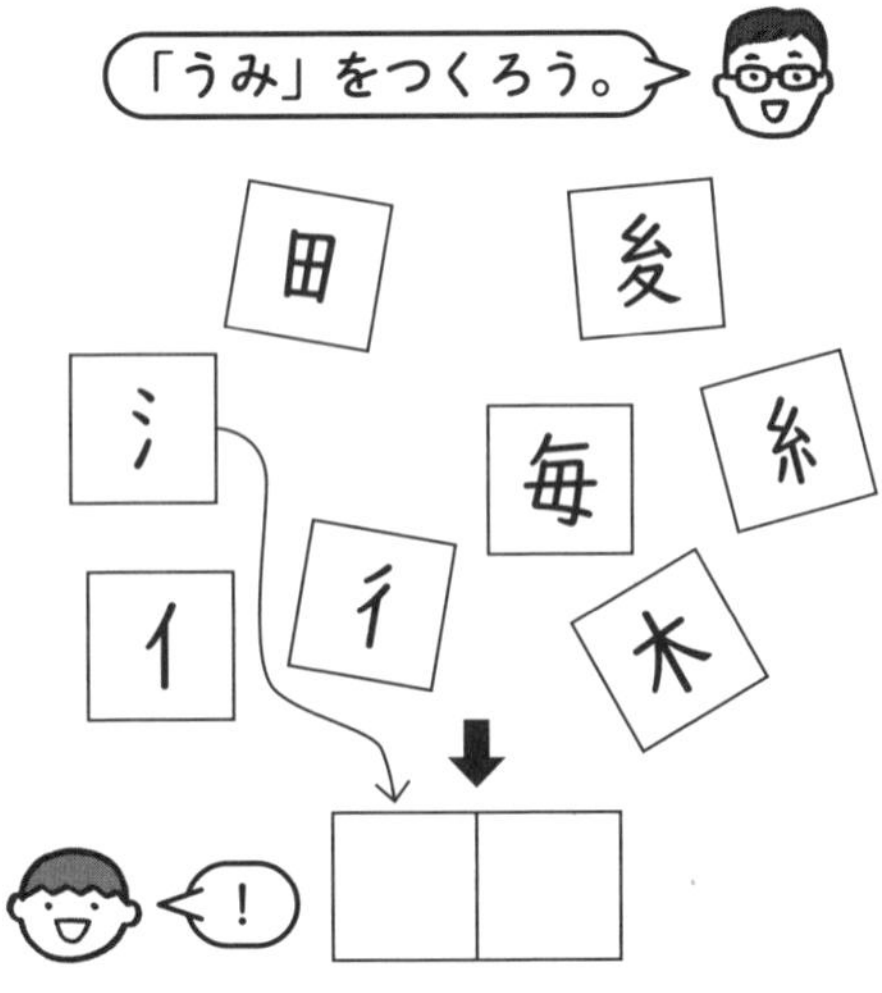
「うみ」をつくろう。
田
夊
氵
毎
糸
亻
彳
木
!

漢字カードをつくる

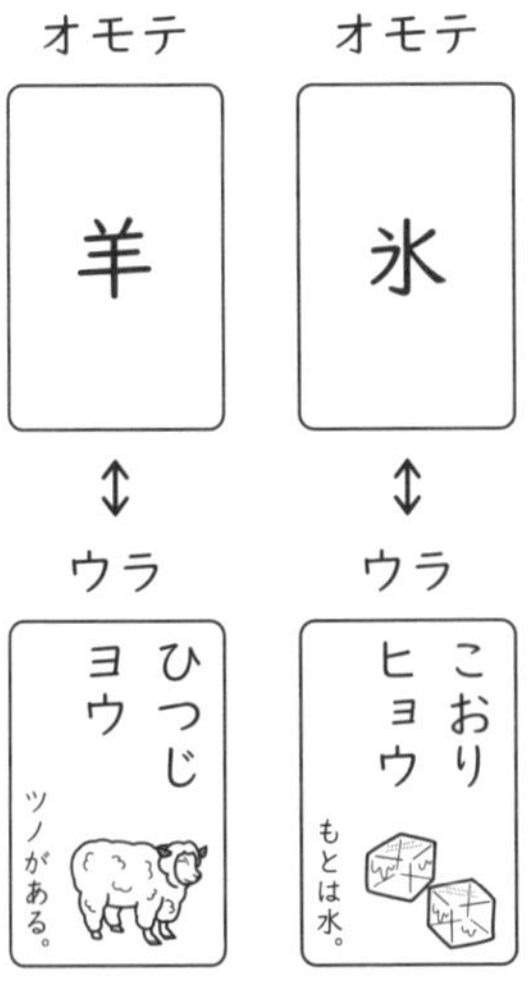
オモテ
羊
ウラ
ひつじ
ヨウ
ツノがある。
オモテ
氷
ウラ
こおり
ヒョウ
もとは水。

にいれて喜ぶ（喜）」のように唱え歌にして耳から聞いて覚えやすい子、漢字の成り立ちから覚えやすい子など、その子が覚えやすいやり方を工夫して、カードをつくってあげましょう。

成り立ちから漢字を覚える

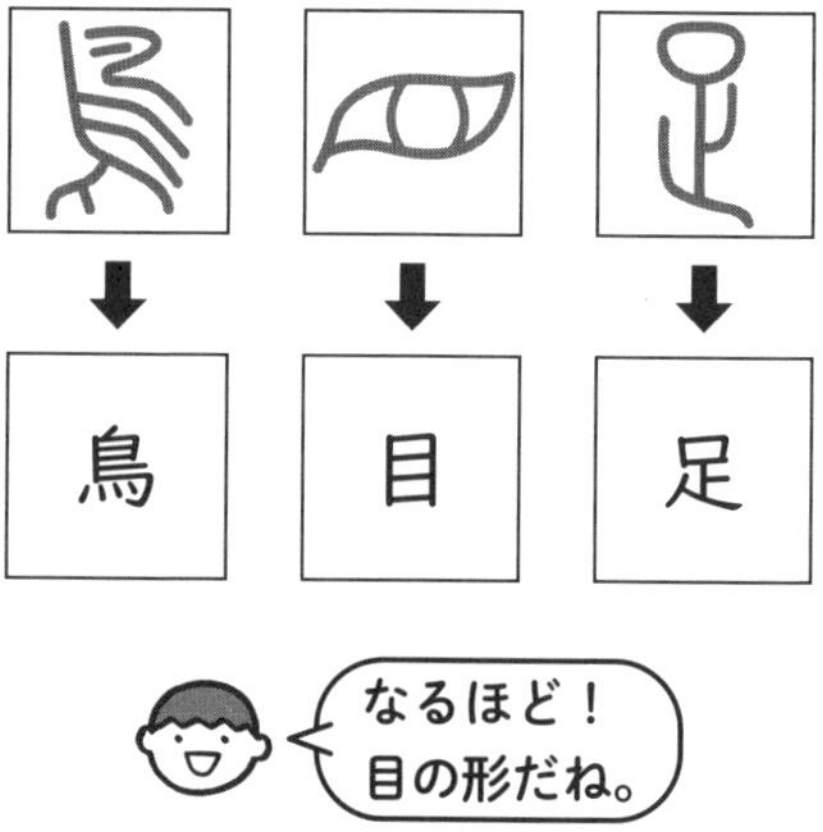
鳥
目
足
なるほど！
目の形だね。

POINT

小学校一〜四年生くらいまでの漢字は、生活の中でも使用頻度が高いので、覚えておくと便利です。無理に子どもの学年の漢字に合わせず、「生活の中でよく使う漢字」を中心に覚えていくとよいでしょう。読めない漢字は読みがなをつければよいのです。学年別の漢字一覧表を部屋に貼る場合、漢字の数が多すぎるので、表を短冊のように切って、少しずつ覚えていくのもよいですね。

学び

23

漢字を書く

親の視点

とにかく漢字を書きたがりません。宿題の漢字ドリルがなかなか進まず、泣きだしてしまうことも。一字を書くのにとても時間がかかり、書き順も自己流です。

子の視点

「語、語、語……」、これ、五回も書くの？　見て、書いて、また見て、書いて……、一回書くだけでもすごく疲れるのに、もうやだ！

学びの手立て

「漢字の形を見て認識する」、「再現して書く」、「読み（音）を漢字に結びつける」などに、苦手さやアンバランスがあるのかもしれません。漢字の大きさ、一度に練習する量や回数を本人に合わせて調整し、書くことの負担を軽減して取り組んでみましょう。

①マッチング→②正しい漢字を選ぶ→③なぞり書き→④半分または一部だけなぞり書き→⑤手本を見て書く→⑥一人で書く

使ってみたい教材・教具↓146・147ページ

STEP 1 同じ漢字を合わせる・似ている漢字を比べる

同じ漢字のカードを二組つくって、同じ漢字どうしを合わせることから始めましょう。最初は少ない枚数から始め、「これは、にんべんだね」など、漢字のどの部分に注目したらよいか教えましょう。また、形が似ている漢字を並べて見せ、「目と日、『め』はどちらかな？」などと聞いて、正しい漢字を選べるようにします。

STEP 2 なぞり書きで練習する

書く負担を軽減するためにも、なぞり書きは有効です。書き始めにマークを入れたり、書き順に番号をふったり色を変えたり、部首だけなぞり書きにしたりするなど、子どもに合わせて調整していきます。

STEP 3 手本を見て書く

学年別の漢字一覧表を部屋に貼ったりクリアファイルに入れたりして、子どもがすぐ見られるようにします。手本やヒントも近くに書いてあげ、子どもがいつでも確かめられるようにしておくと、安心して書くことができます。「木が三つで森だね」など、わかりやすい声かけも工夫しましょう。

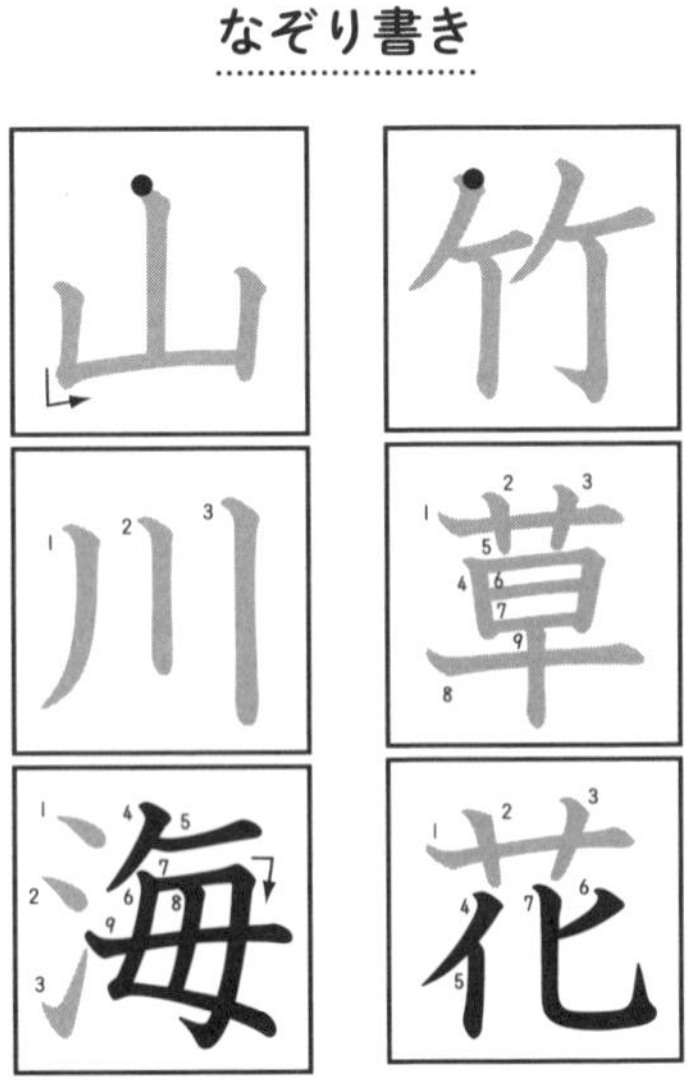

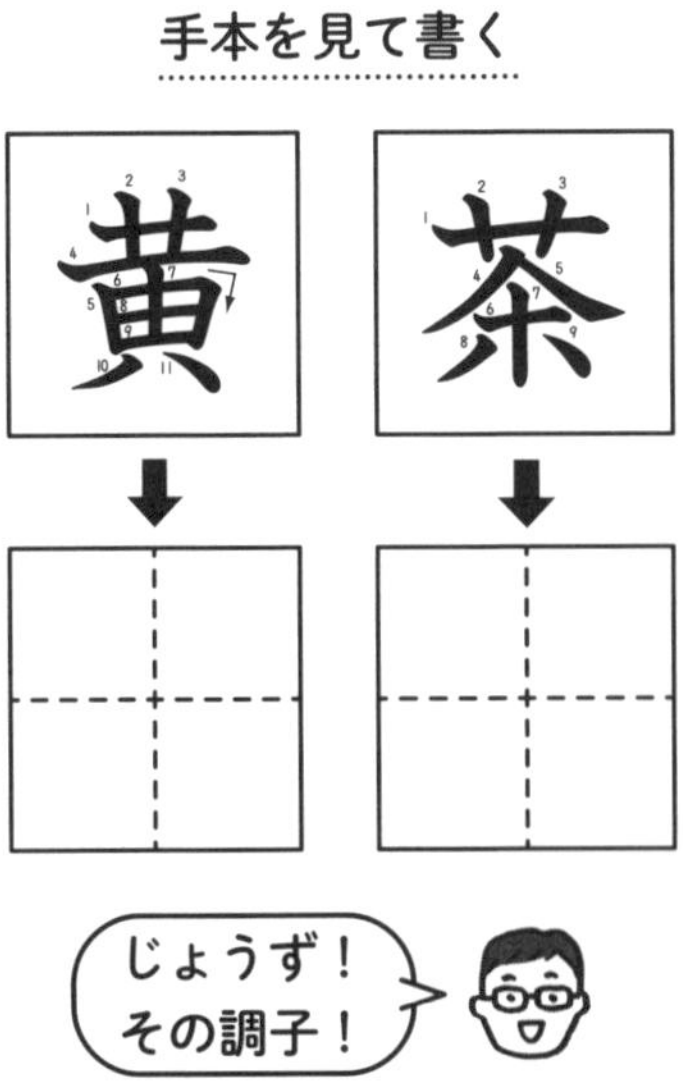

STEP 4 書き順アプリを活用する

書き順にあまり厳密になりすぎず、書き順を知りたい場合はわかりやすく示してくれるアプリなどを活用して、指で漢字をなぞったり書いたりしてみます。

STEP 5 文をつくる

漢字を使えるようにするために、文づくりにチャレンジしましょう。「漢字を使って文をつくる」ことが漢字を理解することにつながります。

POINT

書くことが苦手な子に難しい漢字を「ただたくさん書かせる」ことは逆効果です。負担を感じることなく書ける学年の漢字から練習しましょう。いかに楽しく練習し、「書けた!」と思えるかが続けられるポイントです。ノートのマス目の大きさ、練習の回数などは子どもに合わせて調整しましょう。書けたら○をつけてあげ、正しく書けていない箇所は「ここが惜しいね」と蛍光ペンで書き足し、なぞって修正できるようにしてあげましょう。PC入力などもあわせて取り入れるとよいでしょう。

学び

24 辞典で調べる

親の視点

覚えていない漢字はすぐに聞くのではなく、自分で調べられたらよいと思うのですが、調べるのにとても時間がかかり、見ているといらいらします。

子の視点

「自分で調べなさい」と言われても、漢字が苦手なのに漢字ばかりのこんな分厚い本、とても自分で調べる気がしないよ……。

学びの手立て

国語辞典、漢字辞典とも、今は小学生用のわかりやすい辞典がたくさんあります。電子辞書もありますが、紙の辞典も工夫しだいで楽しく調べられる便利な味方になります。子どもに合う辞典を選んで、いっしょに調べることから始めましょう。

使ってみたい教材・教具↓146・147ページ

STEP 1 辞典を「見てみる」

国語で使う「国語辞典」「漢字辞典」は、どちらも言葉や漢字が決まった順序で並んでいて、読み方、意味などを調べることができます。子どもが興味のある言葉（「野球」・「ゲーム」など）がどのように説明されているか、自分の名字や名前の漢字にどんな意味があるのかを知るところから始めてみましょう。

STEP 2 「五十音表」を手がかりにする

言葉が五十音順に並んでいることを理解し、「気持ち」であれば「き↓も↓ち」と一音ずつ読んで、順に見ていけばよいことを教えていっしょに調べてみましょう。「五十音表」は目で見て確認できるように、すぐに見られるところに貼っておきましょう。

STEP 3 範囲を限定して探す

膨大なページの中から調べたい言葉や漢字に到達するまで、子ども一人では力尽きてしまうかもしれません。まず、調べたい言葉や漢字があるページを開いてあげて、「この右側のページから探してみて」など探す範囲を限定し、子どもに「見

国語辞典を引く

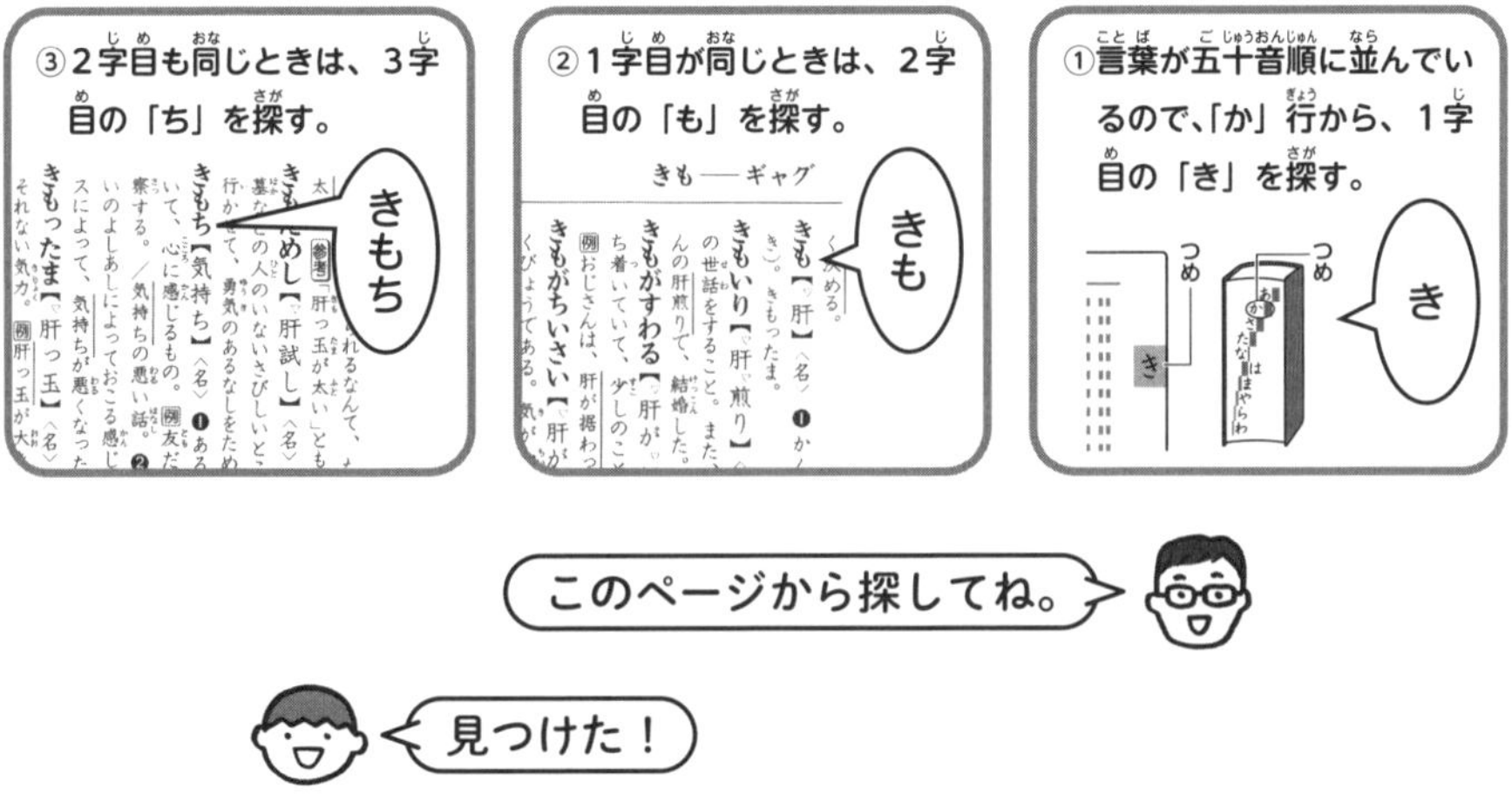

①言葉《ことば》が五十音順《ごじゅうおんじゅん》に並《なら》んでいるので、「か」行《ぎょう》から、1字《じ》目《め》の「き」を探《さが》す。
つめ
つめ
き
き
②1字目《じめ》が同《おな》じときは、2字《じ》目《め》の「も」を探《さが》す。
きも ―― ギャグ
きも
③2字目《じめ》も同《おな》じときは、3字《じ》目《め》の「ち」を探《さが》す。
きもち
このページから探してね。
見つけた！

つけた!」を体験させます。

STEP 4 「マイ辞典」をつくる

調べた言葉・漢字がわかるように、ノートなどに記録を残してあげましょう。あとから見返して、「いろいろな言葉を覚えたね」など、楽しく振り返りができたり、調べた漢字や言葉を使って、「文づくり」をしてみたりしてもいいですね。

調べた漢字で文をつくる

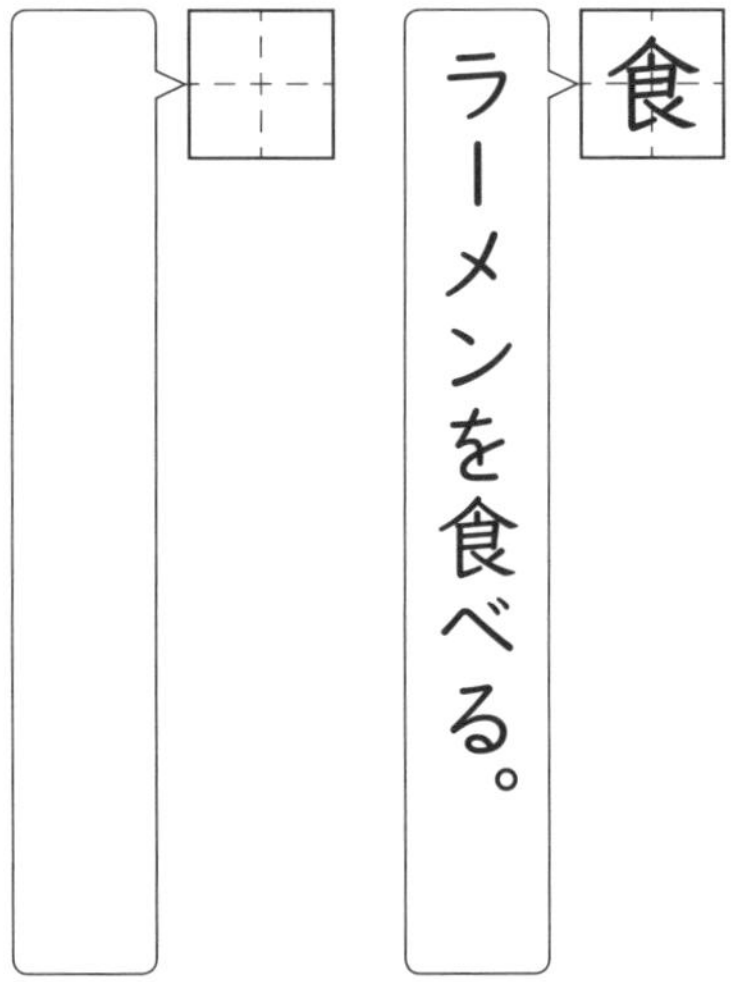

POINT

「調べなさい」ではなく、「○○がわからないから、調べてくれる?」とお願いして、意味や漢字を教えてもらうのもいいですね。辞典は自分のものを一冊決めて、いつでもすぐに使えるところに置き、蛍光ペンで色をつけたり付箋を貼ったりできるようにしてあげましょう。また、電子辞書とあわせて意味を確認するなどして、長期的には自分が調べやすい方法を選択できるようにしていきましょう。

学び

25

熟語を理解する

親の視点

知っている漢字なのに、熟語になると正しく読めません。一度教えても、その意味までいっしょに覚えることがたいへんなようです。

子の視点

「国」の読みは「くに」って覚えていても、「国語」になるとどうして読みが「コク」に変わっちゃうの？　一つの漢字は一つの読み方にしてほしいな！

学びの手立て

熟語とは二つ以上の漢字でできた言葉のこと。「意味が似た漢字の組み合わせ」「反対の意味の漢字の組み合わせ」など、いろいろな組み合わせがあります。すべて覚えるのではなく、よく使うものから少しずつ覚えたり、意味を考えたりしながら言葉の力につなげましょう。

使ってみたい教材・教具↓146・147ページ

STEP 1 似た意味の漢字を組み合わせる

漢字の組み合わせに興味をもてるよう、漢字カードなどを使って熟語をつくってみましょう。熟語になると、漢字の読み方が「音読み」になることが多いので、意味がわかりやすい「訓読み」と合わせて漢字の組み合わせをとらえ、熟語の意味を理解できるようにするとよいでしょう。

・「通る」と「行く」で「通行」だね。／「通行」は、「通る」と「行く」が結びついた熟語だね。
・「学ぶ」と「習う」で「学習」だね。／「学習」は、「学ぶ」と「習う」が結びついた熟語だね。

STEP 2 反対の意味の漢字を組み合わせる

漢字カードで反対の意味の漢字を組み合わせて、熟語をつくってみましょう。

・「強い」と「弱い」で「強弱」だね。／「強弱」は、「強い」と「弱い」が結びついた熟語だね。

・「売る」と「買う」で「売買」だね。／「売買」は、「売る」と「買う」が結びついた熟語だね。

STEP 3 漢字のたし算をする

漢字をたし算のように組み合わせて熟語をつくります。いっしょに問題をつくってみましょう。

・「青」＋「空」＝？

・「読」＋「書」＝？

さらに、関連する二字熟語どうしをたし算のように組み合わせて、四字熟語をつくります。問題

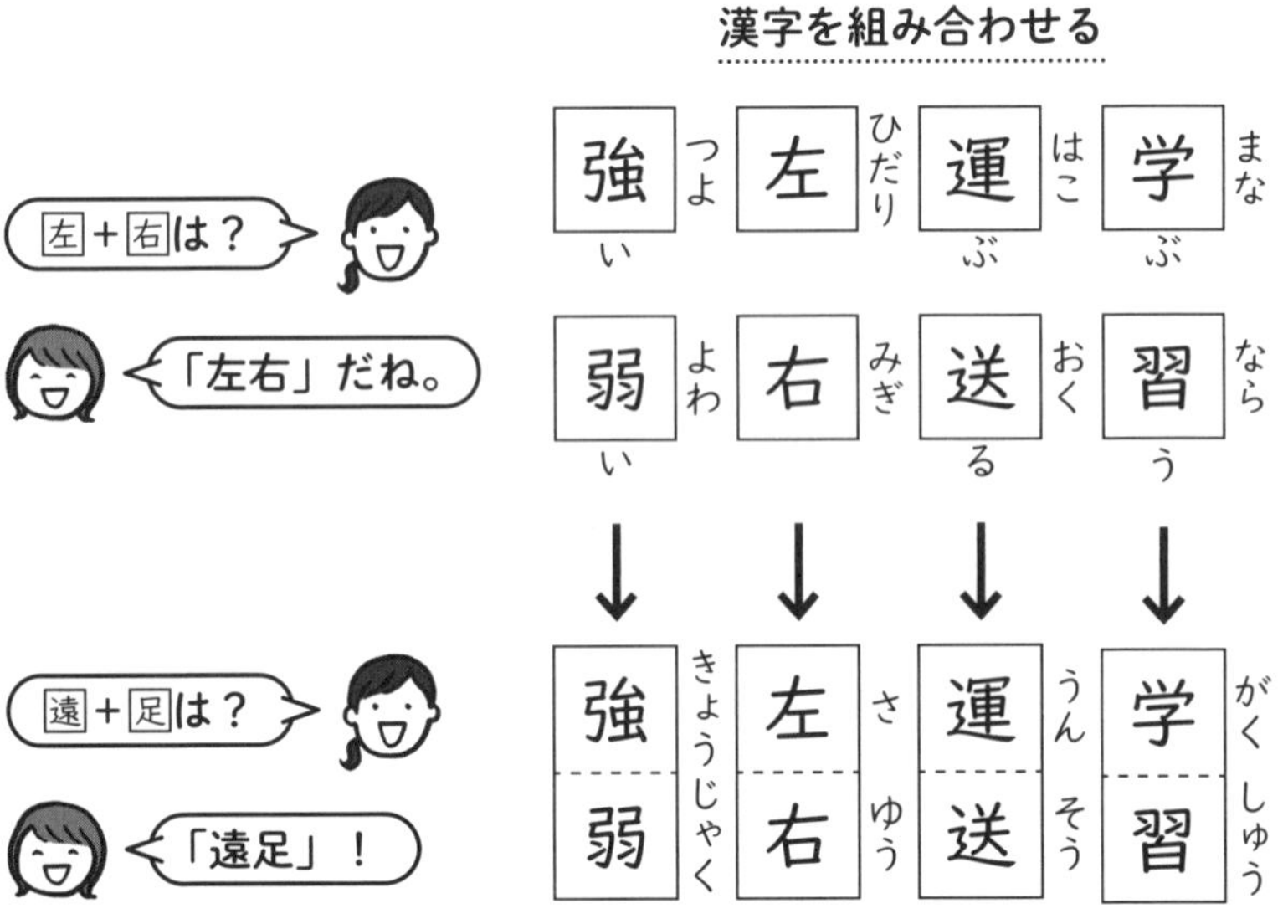

にして聞いてみましょう。
・「交通」+「安全」=?
・「工場」+「見学」=?

STEP 4 熟語の意味を考える

生活の中でよく見かける「熟語」をたくさん探して読み、その意味を考えてみましょう。

文の中で熟語を覚える

季節は春です。

日曜日に、公園まで、散歩に行きました。

POINT

漢字が苦手な子どもにとって、熟語は苦手なものどうしの組み合わせのようなものです。遊び感覚で、子どもといっしょに漢字に読みがなや説明をたくさん入れながら、熟語カードをつくるようにしましょう。熟語の意味を考えたり、どのように使うのか例文にして話したりしてみましょう。四字熟語を本やカードで覚えることが楽しくなると、それが子どもの知識になっていきます。

学び 26

話を聞き取る

親の視点

話をしていると「なに？」と聞き返すことが多く、うまく聞き取れていないようです。最後まで集中して話を聞くことも苦手なようで、授業中などちゃんと話を聞けているのかなと心配です。

子の視点

お父さんが話しているのはわかっていたけど、速すぎてわからなかった。何て言っていたんだろ？もっとゆっくり、わかるように話してほしい。

学びの手立て

聞くことの苦手さは、「音や文を正確に聞き取ること」「聞くことに集中すること」「聞きながら理解すること」「(生活音がする中で) 必要な音を聞き分けること」など、どこが苦手なのかは、子どもによってさまざまです。静かで落ち着ける場所で聞き取りの練習をしてみましょう。

①一音を聞き取る→②単語を聞き取る→③いくつかの言葉を聞き取る

使ってみたい教材・教具↓149ページ

STEP 1 音を聞き取る

一音ずつ同じように復唱できるか試してみましょう。まず、おうちの人が「か」と言ったあとに、子どもが「か」と復唱します。最初は向き合って、それからだんだん距離を離したり背中を向けたりして、正確に音を聞き取って発音できるか確かめます。

一音ができたら「ねこ」「きつね」などの言葉でも試し、どのくらいの声の大きさが聞きやすいかを子どもに確認しましょう。

STEP 2 言葉を聞き取ってカードを取る

かるた取りの要領で、子どもが聞き取った言葉の絵カードを選んで取る練習をしてみます。「かさ」「りんご」「でんしゃ」「きゅうきゅうしゃ」など、音の数が多い言葉も正しく聞こえているか、聞き取りの様子をみてみましょう。

STEP 3 スリーヒントゲーム

三つのヒントを聞き取って、その内容に合うカードを選ぶゲームです。一般的な絵カードでもできるので、いろいろなパターンで試しましょう。

STEP 4 大事なことを聞き取る→メモをとる

「いつ・どこで・だれが・何をした」など、ポ

イントをしぼって聞き取る練習をします（子どもが聞き取れる速さでゆっくりと）。

例 ・四月五日は誕生日です。（↑誕生日は、いつですか？）

例 「今日買ってきてほしいものを三つ言うから、メモをとってね。にんじん・じゃがいも・ぎゅうにゅう。」

今朝ね、お父さんは庭で草とりをしたよ。
え〜と。今朝お父さんは……
メモ

POINT

「聞く」ことの苦手さは、読み書きに比べて学校生活の中で気づかれにくいものです。聞き返しや聞きまちがいが多い子は、その子が聞き取りやすい声の大きさ、環境、速さ、長さを知ってあげましょう。話すほうも、ゆっくり短く簡潔に伝えるようにし、聞き取れなかったときには、「もう少しゆっくり話してください」などと、相手に求めてよいことも教えてあげましょう。

学び

27

連絡帳やノートを書く

親の視点

毎日連絡帳を書いてきますが、読み返しても字が雑で読めなかったり大事なことが抜けていたりすることがあります。授業中のノートを見てもそんな感じで……。

子の視点

書こうと思っていたのに途中で黒板が消されちゃったり、話が速くて聞き取れなかったり、毎日たいへん！　どうしてみんなは書けているのかな。

学びの手立て

「見る」「読む」「聞く」「書く」のどこかに苦手さがある子は、連絡を聞き取って書くことや黒板を見て書くことにとても苦労しています。家でできる練習をしながら、その子の力に合う方法を見つけてあげましょう。

使ってみたい教材・教具↓149ページ

STEP 1 連絡帳を書く

連絡を聞き取ってメモをとる練習をしてみましょう。連絡事項など「いつ・どこで・何をする」かを読み上げます。それを聞いて、子どもがメモに書けるようにします。

実際に使う連絡帳は、子どもが書きやすい行の間隔のノートを選び、あらかじめ連絡を書き入れやすいように、「宿題」「持ち物」「連絡」などの項目を書き入れたわかりやすい枠をつくっておくとよいでしょう。

STEP 2 ノートをとる練習をする

教科書やプリントの大事なところに色をつけて、色のついたところをノートに書き取る練習をします。最初は穴埋めで練習しましょう。また、実際に使っている教科書やプリントを見やすいように拡大コピーし、少し離して壁に貼るなどして、書き写すようにするとよいでしょう。練習用の小さなホワイトボードを用意して、内容を書き写すようにしてもよいでしょう。

STEP 3 お助けグッズを工夫する

見やすく使いやすいノート、書きやすい鉛筆、よく消える消しゴム、ずれにくい定規など、使いやすい文房具を子どもに合わせて選びましょう。必要なものが取り出しやすい筆箱にして、毎日中

色のついたところをノートに書き取る

ぶりは、成長するにつれて、よび名が変わる魚です。関東では、ワカシ↓イナダ↓ワラサ↓ブリと、よび名が変わります。関西では、ツバス↓ハマチ↓メジロ↓ブリと、関東とは別のよび名になります。

⬅

ぶりは、成長するにつれて、よび名が変わる。
・関東　［　　］↓イナダ↓
［　　］↓ブリ
・関西　ツバス↓［　　］↓
［　　］↓ブリ

▲ノート

身を確認して整える習慣をつけるようにします。最初は手伝ってあげてもよいでしょう。連絡帳の「今日のページ」に付箋を貼っておく、もらったプリントは連絡帳といっしょにファイルに入れるようにする、などの工夫もあります。

子どもに合う工夫をする

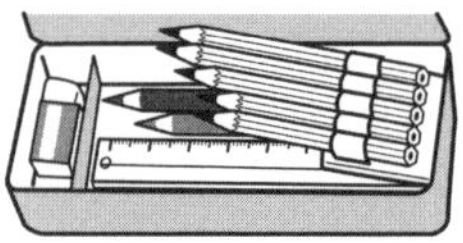

れんらく
ちょう

▲ファイル

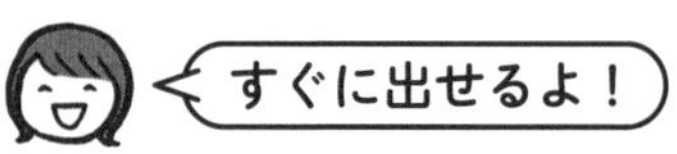
すぐに出せるよ！

POINT

読み書きに負担があり、ノートをとることに苦労する場合、板書をタブレットで撮影することや、あらかじめプリントをもらっておくなどの配慮を相談することができます。家庭での練習は、「みんなと同じようにできるようになるため」ではなく、「子どもに合う工夫をいっしょに見つけるため」であると考えてあげましょう。

学び

28 わかりやすく話す

親の視点

順序立てて話すことや詳しく話すことが苦手で、子どもの説明を聞いても、何があったのかがわかりにくいことがよくあります。話したい・伝えたいという気持ちは強いのに話がわかりにくいので、聞くほうもいらいらしてしまいます。

子の視点

こんなにいっしょうけんめいに話しているのに、どうして「わからない」って言うの？　もう何も話さないからね！

学びの手立て

話したい気持ちはあるのに、語彙が不足していて説明が足りない子、話がとぎれとぎれになったりたどたどしかったりする子、順序立てて話すのが苦手な子など、さまざまです。「どのように伝えたらよいのか」を具体的に教え、話しやすい雰囲気をつくって練習しましょう。

使ってみたい教材・教具↓149ページ

STEP 1 「会話」のコツを知る

子どもが絵や写真を見て、その様子を伝える練習をします。最初に大人がお手本を見せましょう。「何がいるの?」「それはどんな大きさ?　ボールくらい?」など質問を加えてあげ、「詳しく話す」ことに慣れていきます。同じものを見ていても、見る人によって視点がちがうことも親子で楽しみながら、会話を広げていきましょう。

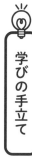

STEP 2 「いつ」「どこで」「何があった」などをわかりやすく伝える

今日の学校での出来事など、子どもが「話したい」と思ったことについて話してもらいます。最初に大人がお手本を見せるとよいでしょう。「いつ」「どこで」「だれが」「何をした」「どうして」「どのように」など、話のポイントをメモに書いておくと話しやすくなります。その内容について質問したり、「すごくわかりやすかったよ」など、「ちゃんと伝わった」ということを言葉で返したりしてあげましょう。

STEP 3 状況を想像して話す「こんなときどうする？」

「もし、下級生に体育館の場所を聞かれたらど

メモをつくって伝える

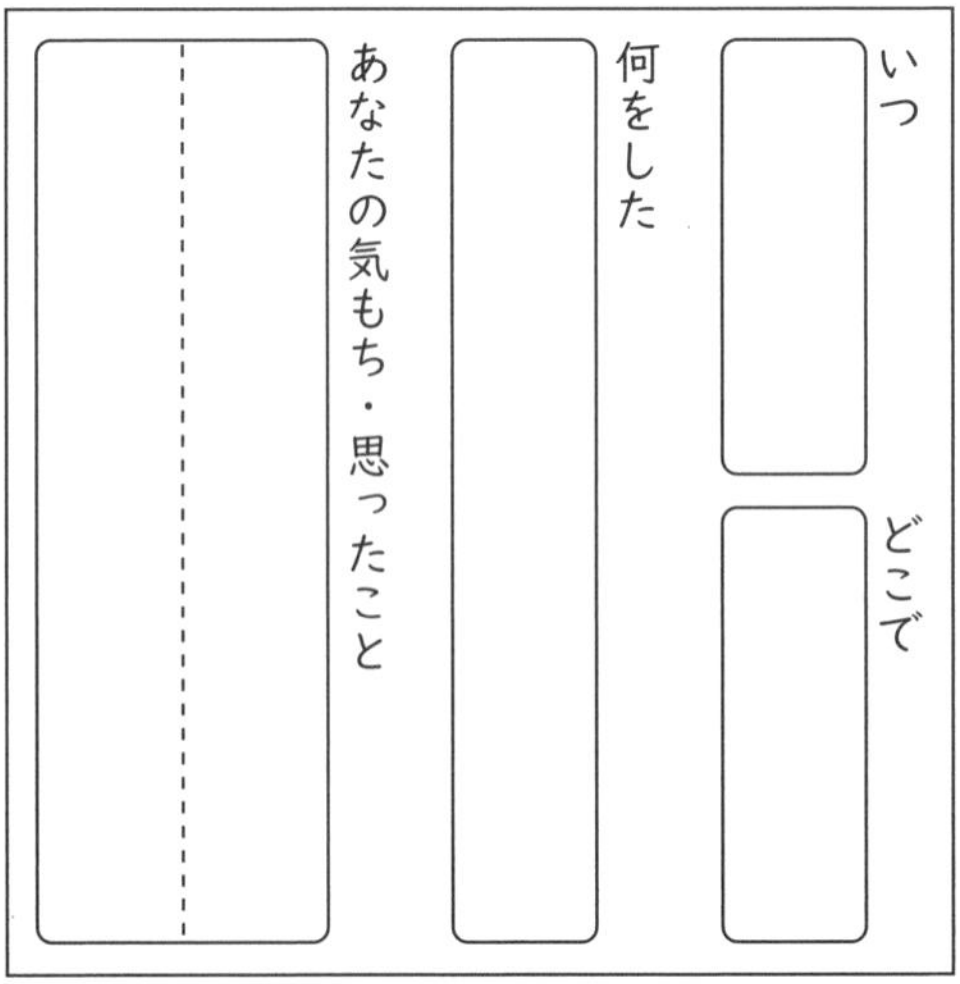
いつ
どこで
何をした
あなたの気もち・思ったこと

こんなときどうする？

雨の日、学校から帰ろうとしたらかさがなかったらどうする？
先生に話すよ。
先生になんて言ったらいいかな？
えっと……

う説明する？」「もし学校でおなかが痛くなったら、だれにどう言えばいいかな？」、そんな日常生活にありがちな「こんなときどうする？」を考えて、話し合ってみましょう。

　また、「自分がしたいこと」や「好きなこと」などを、理由がわかるように話す練習もしてみましょう。

例
・夏休みは、どこに行きたい？
・どんな洋服が好き？

理由をあげて話す

どんな動物が好き？
パンダ
どうして？
竹を食べているのがかわいいから。
なるほど！

POINT

「話すことが苦手」な子どもも、話したくないわけではありません。どのように話したらよいのか教えたり手本を見せたりして、大人も子どもも楽しくお話ができる時間をつくりましょう。「その言い方はおかしい」と途中で修正したり、「そんな言い方ではわからない」と否定したりせずに、じょうずに質問をしたり言葉を補ったりしながら、子ども自身が「話すことが楽しい」「話してよかった」と感じられるように練習しましょう。

学び 29

会話を楽しむ

親の視点

いつも自分の好きなことに夢中になって一方的に話してしまい、友だちの気持ちを察することが苦手なようです。家族に聞いてほしいことをたくさん話すのですが、会話がかみ合いません。

子の視点

好きなことについてもっともっとたくさん話したいし、お父さんやお母さんにも教えてあげたい。もっと聞いてほしいな!

学びの手立て

目には見えない「会話」の「やりとり」を続けるコツを、子どもにわかりやすく教えます。会話を楽しみながら練習しましょう。

使ってみたい教材・教具↓149ページ

STEP 1 動作とあわせて練習する

会話の「やりとり」を、実際にボールなどを渡す・もらうという動作とあわせて練習してみましょう。

例
Aさん：「こんにちは」(↓ボールを渡す)
Bさん：「こんにちは」(↓ボールを返す)
Aさん：「もうお昼ごはんを食べましたか？」(↓ボールを渡す)
Bさん：「まだこれからなんですよ」(↓ボールを返す)

会話をボールで「見える化」することで、「交互に話す」ことの意味がわかりやすくなります。

STEP 2 役割を決めて話してみる

ハンバーガーショップの店員さんとお客さん、先生と生徒の会話、友だちどうしの会話など、役割を決めて台本をもとに話してみましょう。途中で役割を交代したり、本や漫画を「台本」にして練習したりしてもよいでしょう。役割をはっきりさせることにより、「やりとり」がわかりやすくなります。

STEP 3 話題を選んで話す

「どんな話題で話したいか」の話題カードをつくって、共通の話題で話す練習をします。「好きなこと」「最近うれしかったこと」「ペットのこと」など、お互いが「話したい」と思える話題で楽しく盛り上がりましょう。「これからやってみたい

台本をもとに会話する

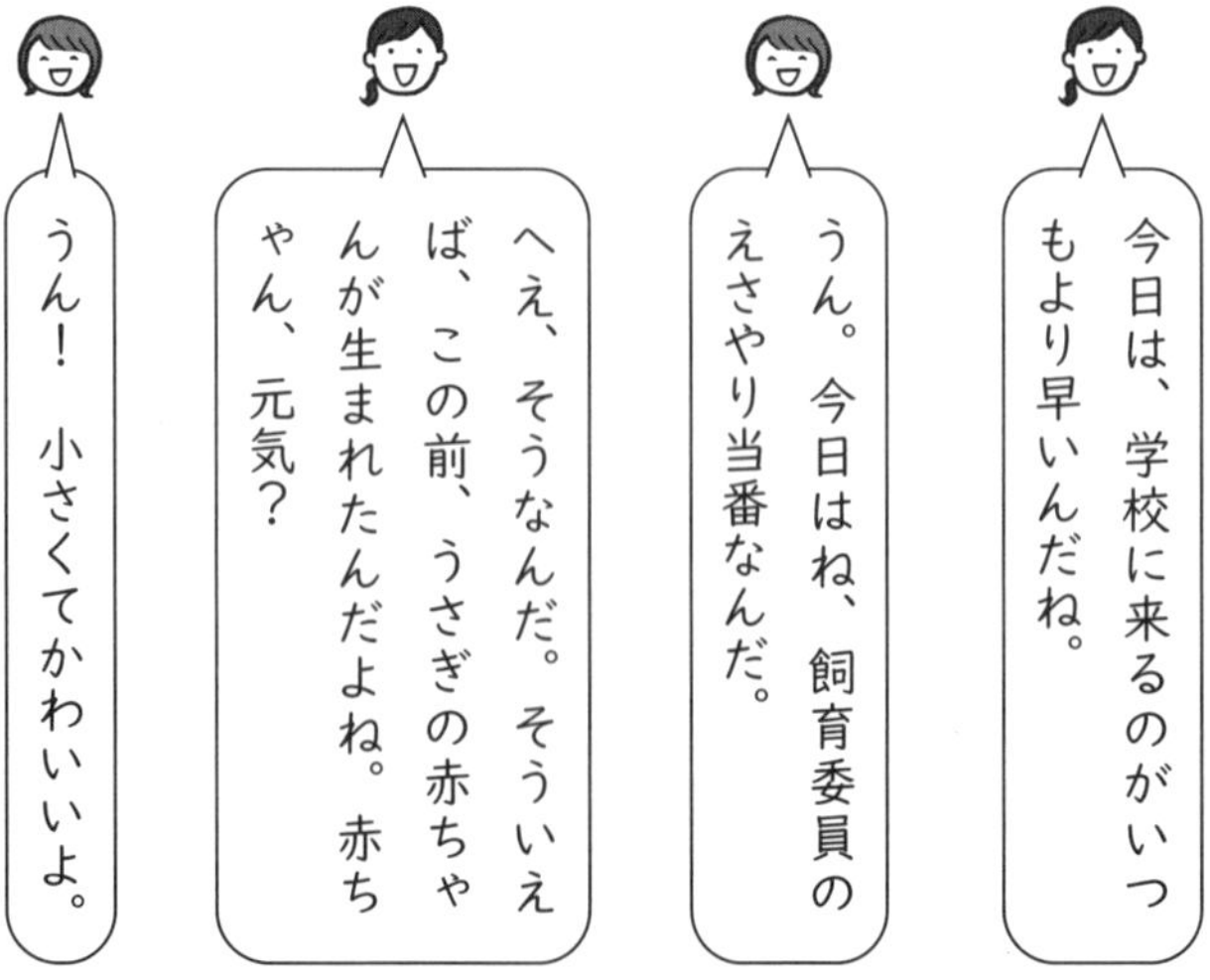
今日は、学校に来るのがいつもより早いんだね。
うん。今日はね、飼育委員のえさやり当番なんだ。
へえ、そうなんだ。そういえば、この前、うさぎの赤ちゃんが生まれたんだよね。赤ちゃん、元気？
うん！　小さくてかわいいよ。

こと」などポジティブな話題もよいですね。また、「相手の目を見て話す」「ちょうどよい声の大きさで話す」「相手の話は最後まで聞く」など、子どもが気づきにくい会話のマナーについても、さりげなく教えていきましょう。

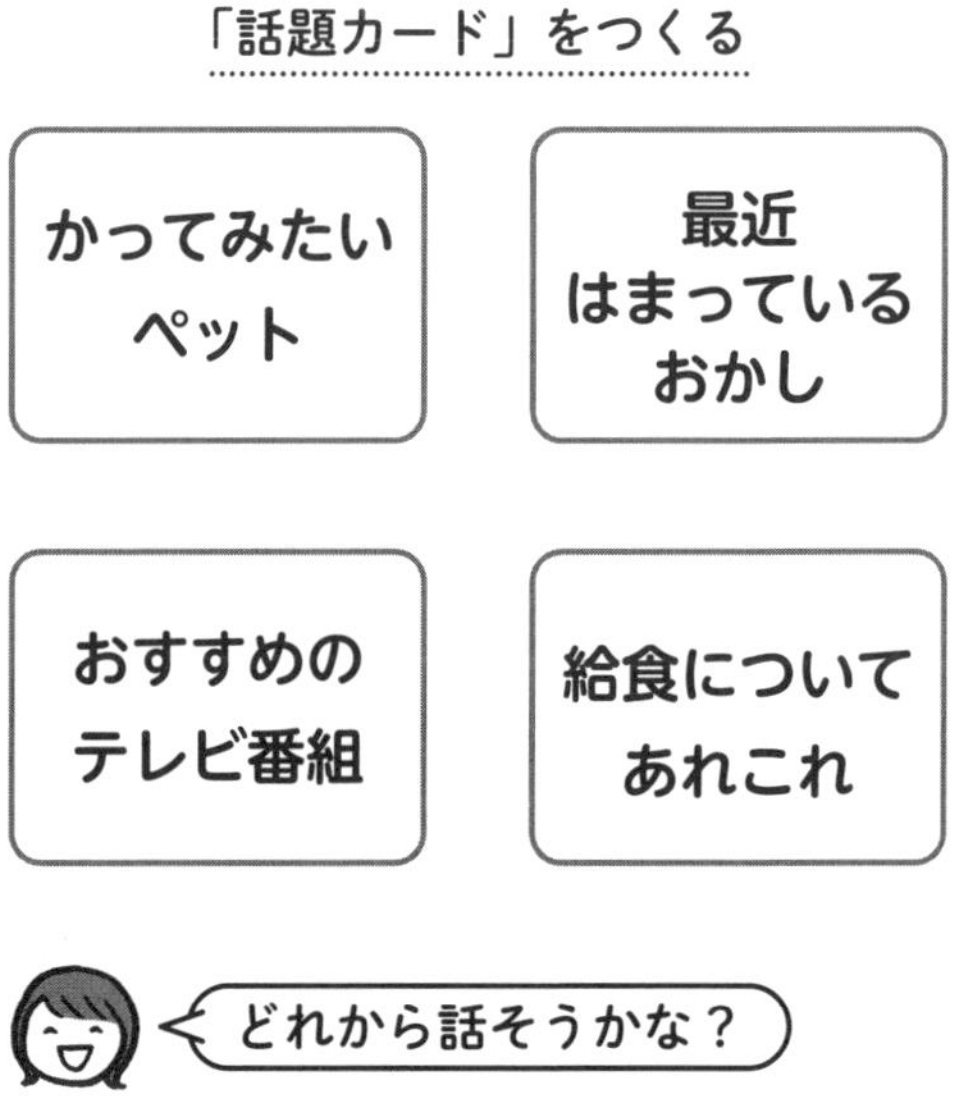
「話題カード」をつくる
かってみたいペット
最近はまっているおかし
おすすめのテレビ番組
給食についてあれこれ
どれから話そうかな？

POINT

子どもを話しじょうずにするポイントは、大人が聞きじょうずになることです。子どもの話題に興味をもって、にこやかに明るく表情豊かに聞いてあげましょう。子どもの話は「うん、うん」とあいづちをうちながら、「そうなんだ」「すごいね」などリアクション多めで聞き、途中で注意したり、しかったりしないこと、楽しめることがポイントです。

学び 30
みんなの前で発表する

親の視点

家ではよく話すのに、人前で発表することはとても苦手です。発表しようとすると、緊張して急に声が小さくなってしまい、じゅうぶんに話せなくなるようです。「明日は学校で発表がある」という日は、学校に行くのをいやがって泣いてしまうこともあります。

子の視点

みんなの前に出て話すなんて無理！　失敗したらはずかしいもん。ぜったいにうまくいかないし、声も出ないから、みんなに聞こえないと思う。ああ、あしたは学校に行きたくないな……。

学びの手立て

緊張や自信のなさから人前で話すことを苦手とする子には、まずは家で、楽しい雰囲気でリラックスして話す経験を積み重ねていきましょう。子どもの発表をうなずきながら聞いてあげて、うまく話せるようになっていることを子どもが実感できるようにします。

使ってみたい教材・教具↓149ページ

STEP 1 声を出す練習をする

まず、子どもに絵本や自分の好きな本を音読してもらいましょう。おうちの人のすぐそばでなく、読み手と聞き手の距離をとりましょう。「いい声が出ているね」「ちゃんと聞こえているよ」「じょうずに読めているね」など、ポジティブな声かけをしましょう。また、大人が読んで、子どもに聞き手になってもらい、その感想を聞いてもよいでしょう。

STEP 2 発表のリハーサルをする

何を発表するか、その内容が決まっている場合は、台本をつくって家でリハーサルをしてあげましょう。たとえば作文の発表だったら、作文を家族の前で読んでもらいます。おうちの人が先にやってもよいでしょう。録画や録音をして、あとで見せたり聞かせたりしてあげましょう。「ちゃんとできている」ことがわかると安心できます。

STEP 3 発表の方法を工夫してもらってもよい

「どうしてもみんなの前で発表したくない」というときは、やり方を工夫していただくよう学校の先生に相談してみてもよいでしょう。「先生に代わりに読んでほしい」「作文を見てもらうだけにしたい」など、こんな方法がよいということを伝えてみましょう。

POINT

人前で話すことに緊張や不安を強く感じる子はたくさんいます。無理に練習させるのではなく、練習することで、自信がもてるようにします。必ずしもみんなと同じ方法でなくても、子どもが安心してできる方法があれば先生に相談してみましょう。また、「今回は発表しなかった」としても、また次の機会にチャレンジしてみればよいのです。「発表しなかった」が「失敗ではない」と思えるよう、ゆっくり見守ってあげましょう。

第4章

使ってみたい 教材・教具

子どもたちの「できる」につながる
教材・教具を見つけましょう。

毎日がんばっていることをわかって

ひらがな・かたかな

学研の幼児ワーク（Gakken）
3歳 ひらがな／4歳 ひらがな／5～6歳 カタカナ

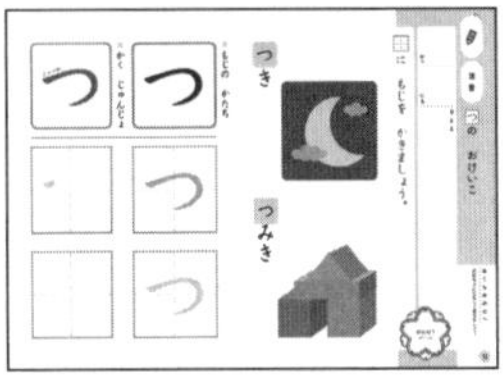

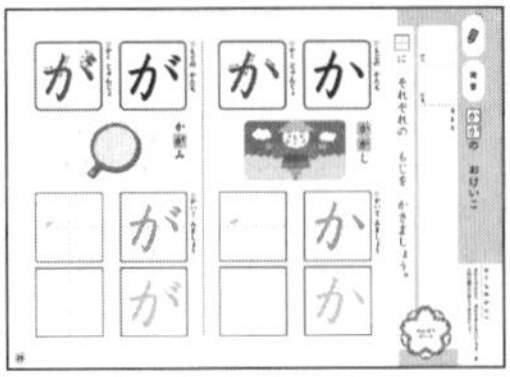

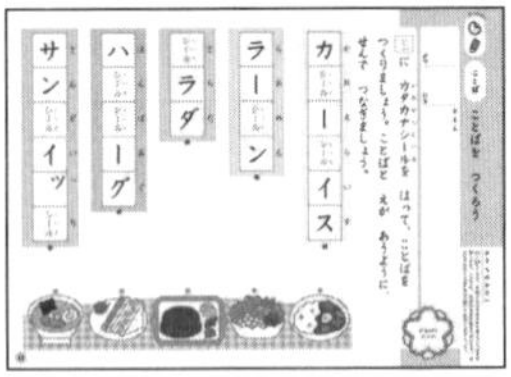

磁石あいうえお盤
すうじ盤50付（くもん出版）

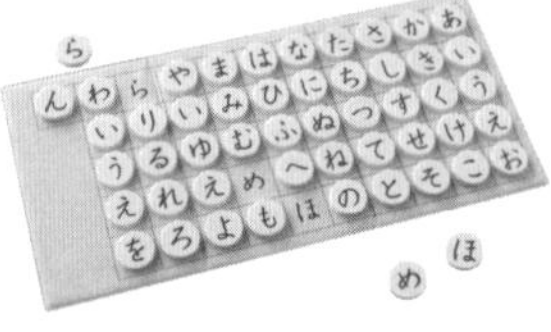

ひらがなカード
（くもん出版）

カタカナカード
（くもん出版）

言葉・言葉のきまり・文づくり

毎日のドリル（Gakken）

小学１年 言葉のきまり／小学１年 さく文／小学２年 言葉のきまり

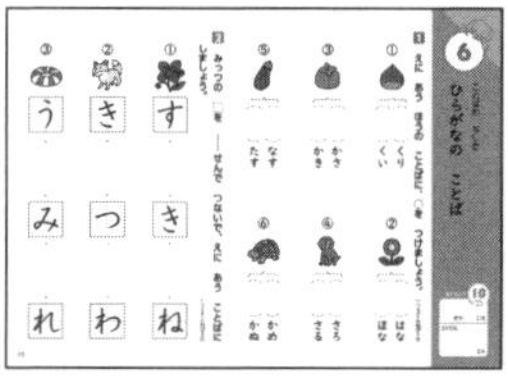

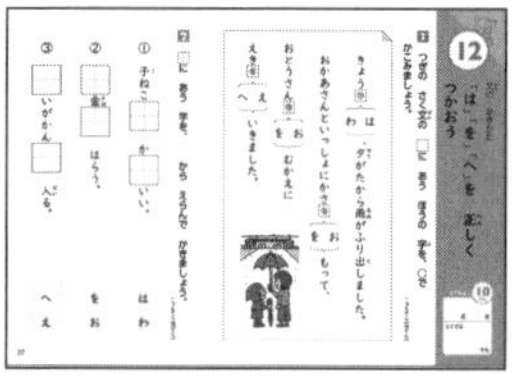

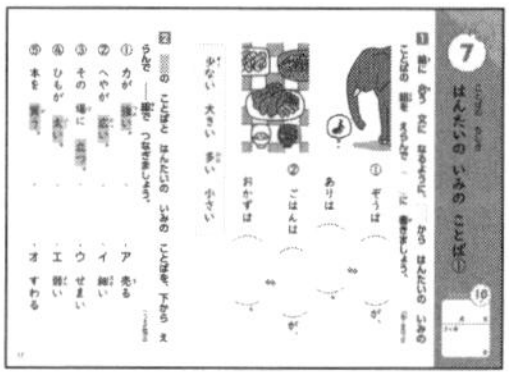

ぶんカード２集

（くもん出版）

学研ことばえじてん　新装版

（Gakken）

※本文はすべて音声化されています。

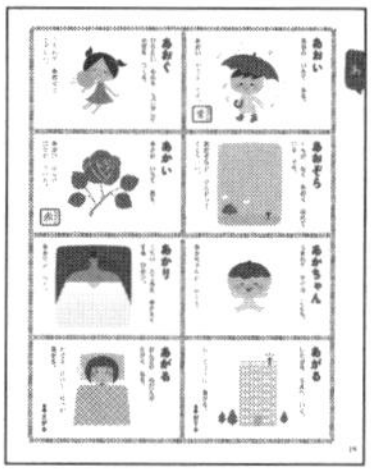

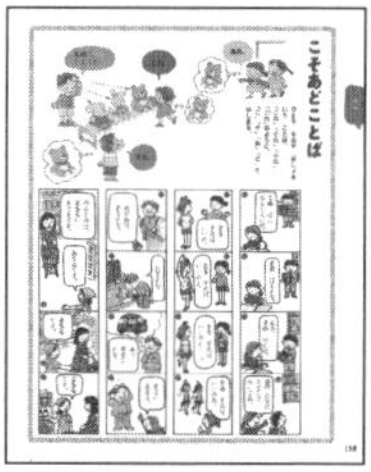

漢字

自分のペースで学びたい子のための　サポートドリル
かん字・けいさん（学事出版）
すてっぷ①／すてっぷ②／すてっぷ③
※ CD-ROM 付き

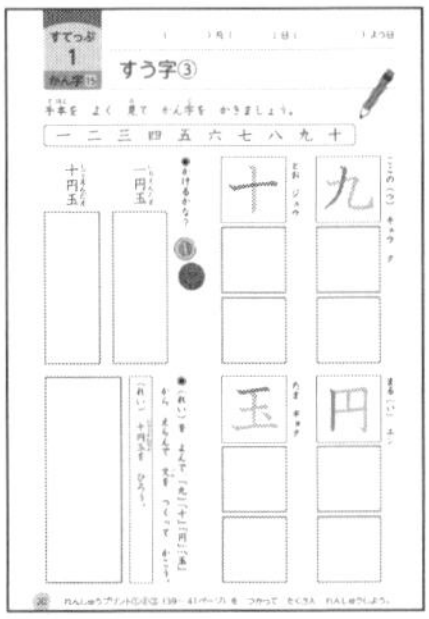

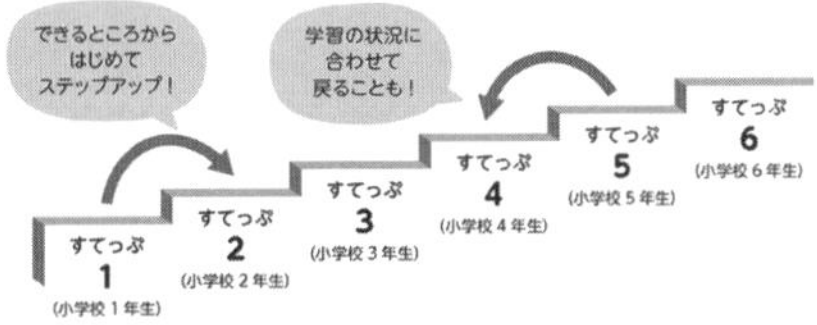

（すてっぷは、①〜⑥まで）

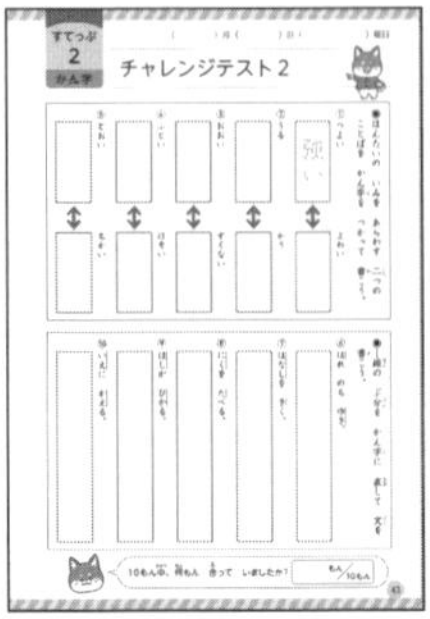

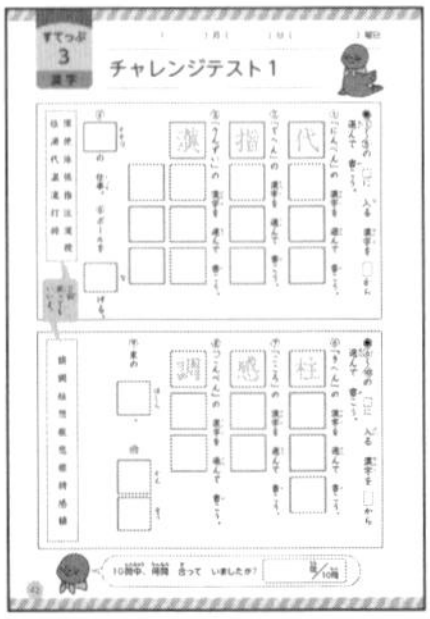

※漢字と計算を収録しています。

漢字

小学全漢字おぼえるカード（Gakken）

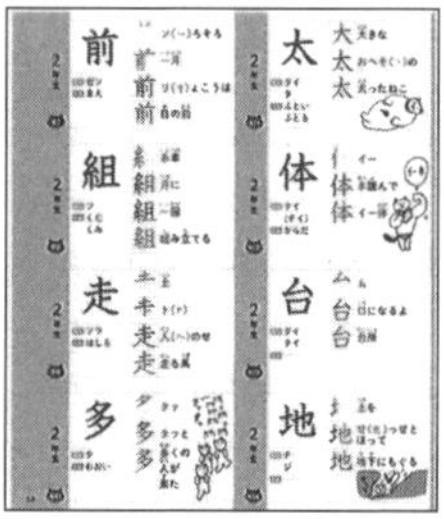

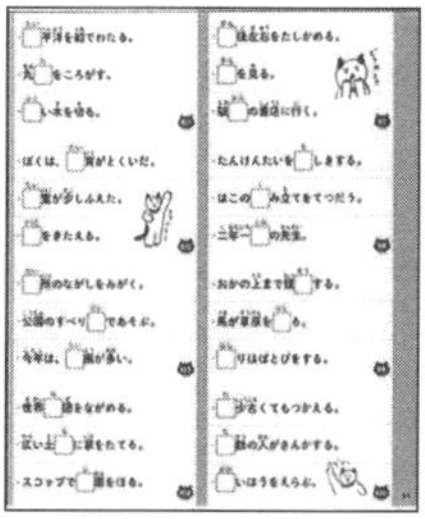

「へん」と「つくり」を合わせるゲーム
漢字はかせ　新装版

（考案：馬場雄二／発売：幻冬舎）

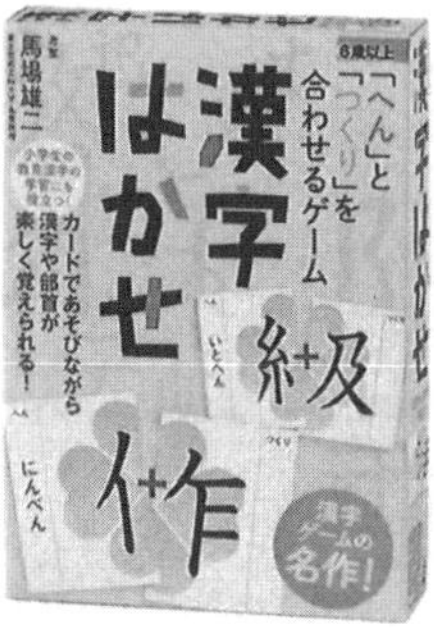

京大・東田式
頭がよくなる漢字ゲーム　新装版

（考案：東田大志／発売：幻冬舎）

作文

100 てんキッズ お話づくり絵カード

（著：久野泰可　幼児教育実践研究所　こぐま会／発売：幻冬舎）

必ず書ける　あなうめ読書感想文　改訂版（Gakken）

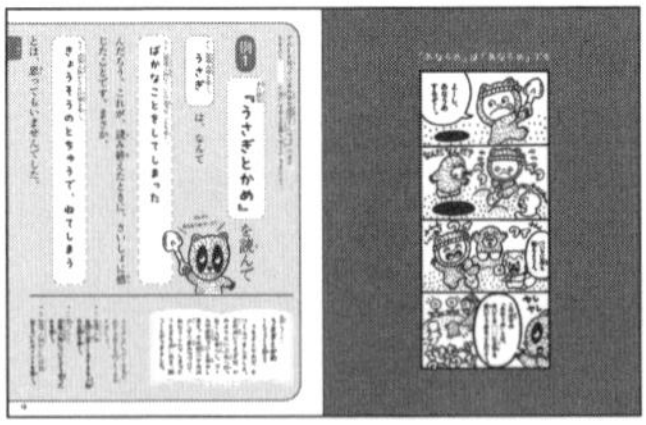

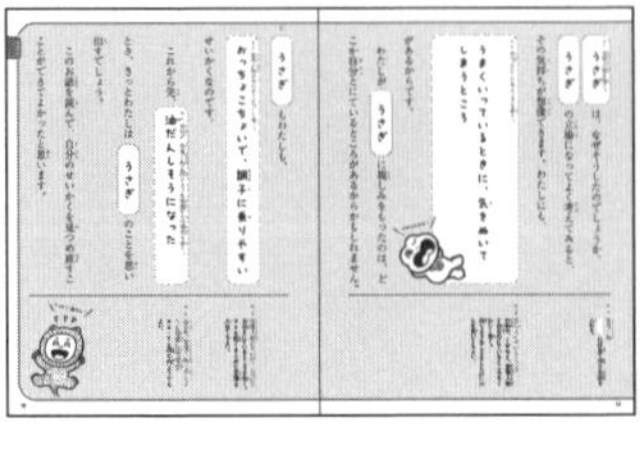

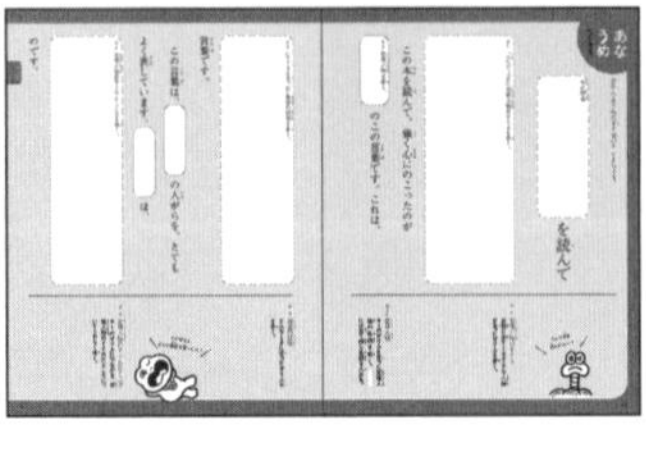

聞く・話す

すみっコぐらし スリーヒントカードゲーム

（学研ステイフル）

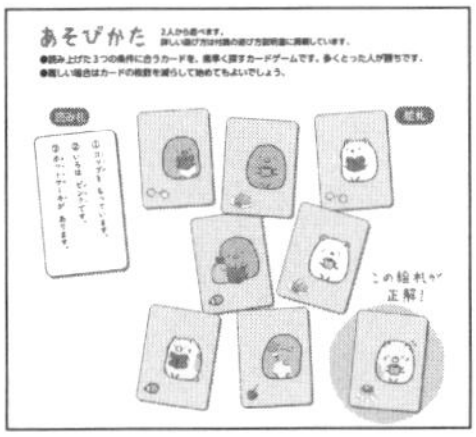

はらぺこあおむし じょうげさゆうカードゲーム

（学研ステイフル）

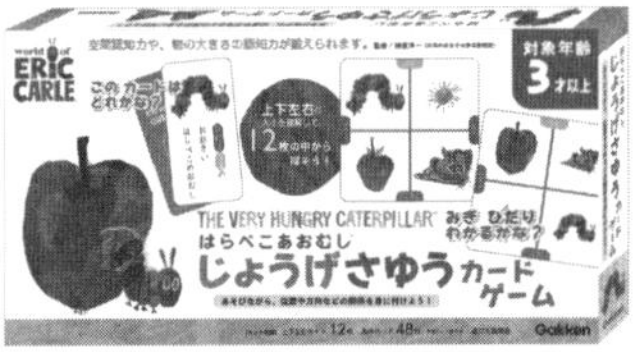

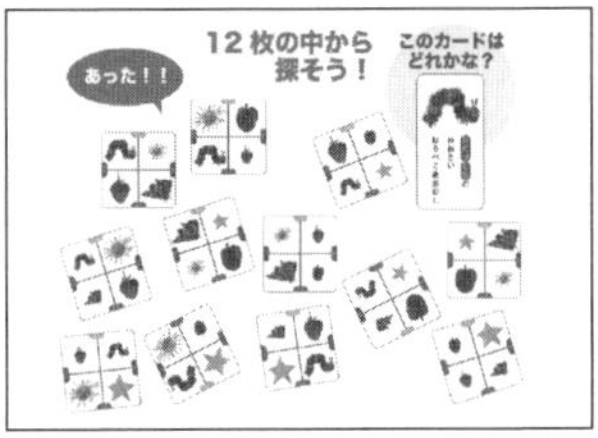

わたしはなあに？ カードゲーム

（学研ステイフル）

佐藤です。好きなおにぎりの具は梅です。

（ゲームデザイン：TANSAN／
発売：幻冬舎）

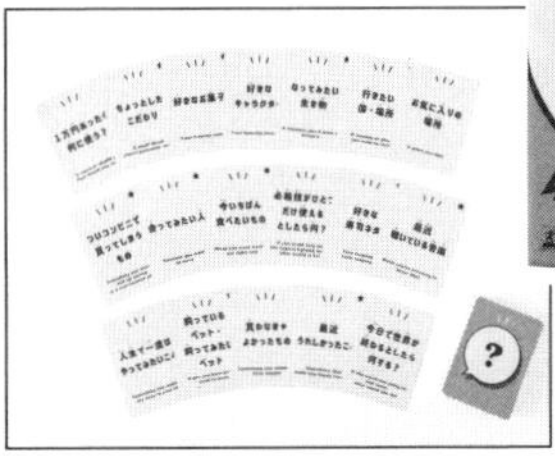

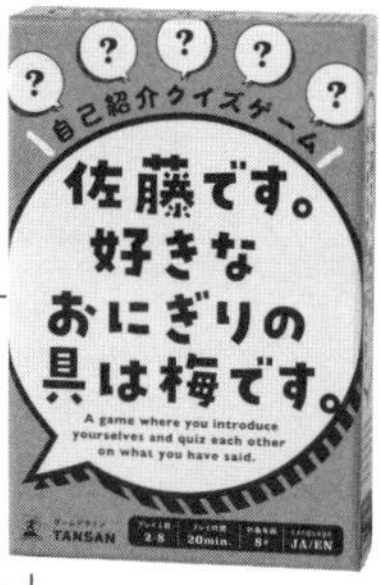

読解

ゆるゆる図鑑 読解力ドリル 危険生物 低学年おはなしドリル (Gakken)

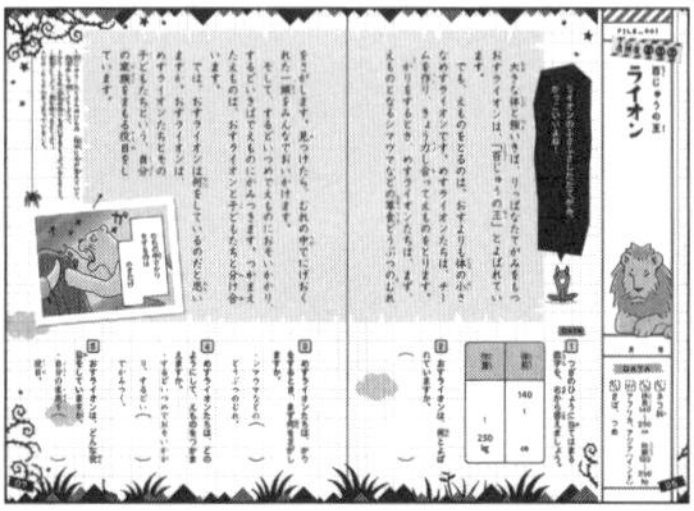

ゆるゆる図鑑 読解力ドリル 海の生物 低学年おはなしドリル (Gakken)

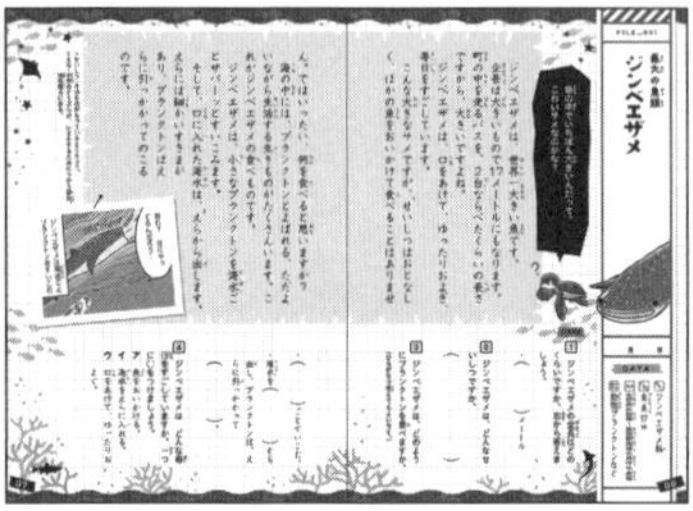

「ドラゴンドリル」シリーズ (Gakken)

小1 文章読解のまき／小2 文章読解のまき／小3 文章読解のまき

読解

おはなしドリル（Gakken）

おはなしドリル　ベストセレクション
科学と自然のおはなし　低学年

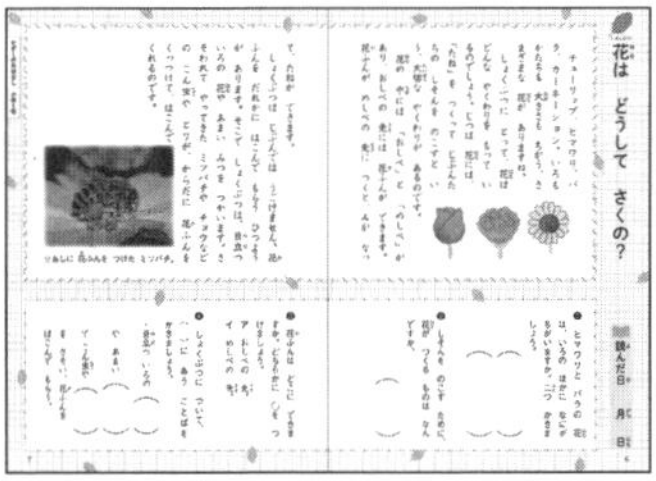

おはなしドリル　ベストセレクション
はじめてのおはなしドリル　低学年

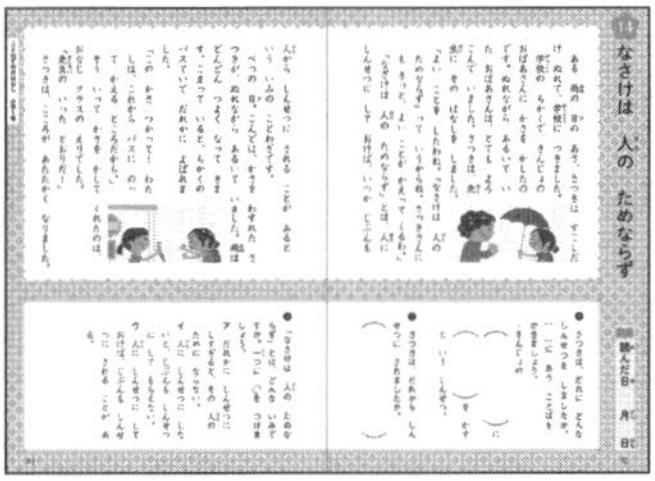

- 危険生物のおはなし　低学年
- 恐竜のおはなし　低学年
- きもちのおはなし　小学1年
- きせつの行事　低学年
- 都道府県のおはなし　低学年
- 人のからだのおはなし　低学年
- せかいのめいさく　小学1年
- どうぶつのおはなし　小学1年
- ことわざのおはなし　小学2年
- うちゅうのおはなし　低学年
- 科学のおはなし　小学3年
- ことわざのおはなし　小学1年
- せかいのくにのおはなし　小学1年
- せかいの国のおはなし　小学2年
- こわいはなし　低学年
- かがくのおはなし　小学1年
- 科学のおはなし　小学2年
- わらいばなし　低学年
- 伝記　低学年

学研の幼児ワーク　アプリ版

学研の幼児ワーク
ひらがな・カタカナ
～もじ判定つき～

正しい文字を覚えるなら、「もじ判定つき」がおすすめです。

いつでも確認できる書き順アニメ

書き順・大きさ・字形を判定

学研の幼児ワーク
できるかな
もじかずちえ

幼児おけいこ
人気3ジャンル
が楽しめます。

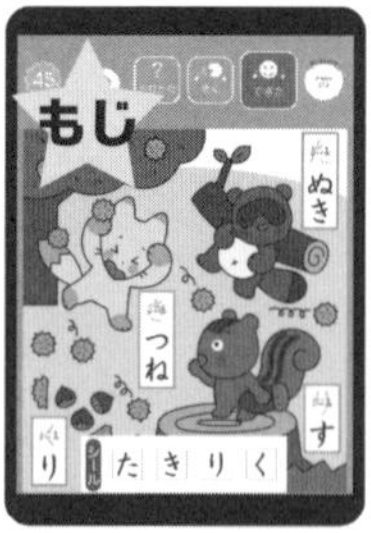

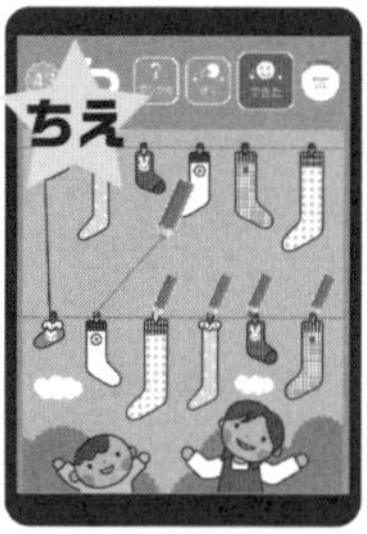

幼児ワーク公式サイトのアプリページ
https://www.gakken.jp/youjiw/app/

第5章

さくらんぼ教室で学んで成長した子どもたち

好きなこと、得意なことをいかして
成長している子どもたち、先輩たちをご紹介します。

いつも
おうえんしてくれて
ありがとう

ぼくの言葉でつづる、絵本の世界

象くん（高校生）

さくらんぼ教室から

保育園のころ、ある日突然絵を描き始めたという象くん。それ以来、色鉛筆で絵を描くことが生活の一部となり、おばさまに「白い本」をもらったことをきっかけに、絵本づくりをするように。教室に入会した低学年のころ、文字を書くことは苦手で、「絵で描きたい」と言っていた象くん。少しずつ長い文が書けるようになり、今、自分の言葉でお話を書く楽しさに夢中です。

- 好きな教科　社会（世界の国々を知りたい）
- 苦手な教科　国語（お話づくりは好きです）
- これまでの歩み　小学校（少人数学級）→中学校（少人数学級）→高校（特別支援学校）

象くんの声

好きなキャラクターと好きな物語を組み合わせて、自分でお話をつくっていきます。また、動物が好きなので、動物たちが登場する物語が多いです。これまでに十一冊の絵本をつくりました。

絵本をつくるときは、まず先に物語を書いて、その場面を想像して心の中に思い浮かんだ絵を描いていきます。400色以上の色鉛筆から色を選びます。絵を描いているときはとてもいい気分です。絵本を見た人が、「すごいね」と言ってくれることもうれしいです。

保護者の声

絵を描くことを好きになってから、いつも、絵を描ける紙や色鉛筆などを身近に置いておくようにしていました。

学習はとにかく気長に、本人が集中できる時間の中で、少しずつ積み重ねていきました。文字をようやく覚えてもなかなか単語として読めなかったのですが、ある日、コンビニエンスストアで「たばこ」と読んだときには感激！　そのときの声は、今も耳にはっきりと残っています。今、本人が夢中になれるものに出会えたことが、とてもうれしいです。

「好き」から広がるコミュニケーション

カレーさん（高校生）

「幻の馬」とよばれるトキノミノルの銅像。（本人撮影）

さくらんぼ教室から

大好きなのは馬（競走馬）。ほかにも男性アイドル、音楽を聴くことなど、「推し」や趣味がたくさんある高校生。時間はかかりますが、ていねいに読みやすい字を書く努力家です。文章や映像からイメージを広げることができますが、それを自分の言葉で表現したり伝えたりすることは苦手でした。発表やスピーチの練習を積み重ねて少しずつ発信する力がつき、友だちとも好きなことを話題に楽しく話せるようになりました。友だちにいつも笑顔で話しかける、やさしいカレーさんです。

- 好きな教科　音楽・美術
- 苦手な教科　数学
- これまでの歩み　小学校↓中学校（少人数学級）↓高校（通信制）在学中

カレーさんの声

私が今がんばっていることは、勉強と、友だちとの会話を広げること。高校の勉強は難しいですが（特に数学！）、わからないところは勇気を出して先生に質問しながらがんばっています。友だちと話すときは、特に言葉の選び方に気をつけています。いやな思いをさせないように、「やわらかい言葉」を意識しています。ソーシャルスキルトレーニングで学んだ「あいづち」や「話すときの姿勢」を、高校の友だちづきあいにもいかしています。

友だちや後輩と、趣味がぴったり合うことはなかなかありませんが、それでも伝え方しだいで盛り上がることを実感しています。「暑いね～」「かき氷食べたいね～」など、ふだんの何気ない会話で気持ちが通じ合うとうれしいです。

保護者の声

意識しているのは、「本人の言葉を待つこと」「否定せず最後まで聞くこと」です。小学生のころは娘の特性に気づかず、日記や作文に「なんでもいいよ」「こう書いたら？」とアドバイスすればするほど本人は書けなくなり、最後には泣いてしまうのがいつものパターン。今思えば逆効果でした。口をはさみたくなる気持ちを抑え、本人の言葉を聴くようにしています。

我が家では、娘が「はまっている」と発信したことが家族全員に広がっていきます。私も娘の趣味につきあうことで世界が広がりました。二人の姉は母以上に厳しく（笑）、「自分がやりたいことは自分で計画するんだよ！」など、末っ子を指導しています。結局つきあってあげるので、やはり妹がかわいいんですね。これからも家族でたくさん話をしていきたいと思います。

漫画で個性のすばらしさを伝えたい

絶対可憐ぷよマスターさん（進学準備中）

学習ノートに描き続けている漫画は、50冊をこえる。

さくらんぼ教室から

漢字が得意で、漢字検定は準一級。さくらんぼ教室では、社会人クラスの気の合う仲間たちとコミュニケーションや生活に必要なスキルを学んでいます。

彼の心を支えているのが、大好きな漫画の世界。「漫画をとおして個性の大切さを伝えたい」という思いで描き続け、新しい作品ができると教室に持ってきて熱く解説してくれる、やさしくて頼もしい青年です。

●得意な教科　漢字（文章読解は苦手）

●これまでの歩み　小学校↓中学校↓高校（私立↓通信制高校に転校）↓大学↓卒業後、さらに進学をめざして勉強中

絶対可憐ぷよマスターさんの声

漢字が好きで、小学生から検定にチャレンジ、大学4年生のとき3回目のチャレンジで、ついに準1級に合格したときはとてもうれしかったです。中学、高校といじめがあってつらい時期もありましたが、ぼくには支えてくれる友だちや先生、両親、そして大好きな漫画がありました。

ぼくの漫画は、異世界と現実世界を行き来し、好きなキャラクターを登場させながら描くスタイルです。以前のぼくは発達障がいがあるという自覚はなかったけれど、今では受け入れています。発達障がいは困ることもあるけれど、りっぱな個性だから。今、学校でつらい思いをしている子どもたちのために、そのことを漫画に描きたいと思っています。勉強もまだまだ続けていきます。

保護者の声

小さいころから工作が好きで、よく絵を描いていました。国語は大切な教科なのでしっかりやらせるようにし、本人もコツコツ努力していました。中学生くらいまでは仕事が忙しかったこともあり、本人と向き合う時間があまりとれませんでした。学校がつらそうでも、「行かせなければ」と思っていたんです。でもそれが苦痛だったと、あとから言われました。

高校生になったころから夜遅くまで本人の話をよく聞くようになり、つらい時期にも自分をあきらめずがんばってきたことを知りました。彼も気持ちが楽になったようです。今も時々親子げんかはありますが「次の日には忘れる」というルールを守っています。たった一度の彼の人生を、これからも健康で、楽しく過ごしてほしいと願っています。

本がぼくの世界を広げてくれた

丸背留符流巣戸《マルセル・プルスト》さん（社会人）

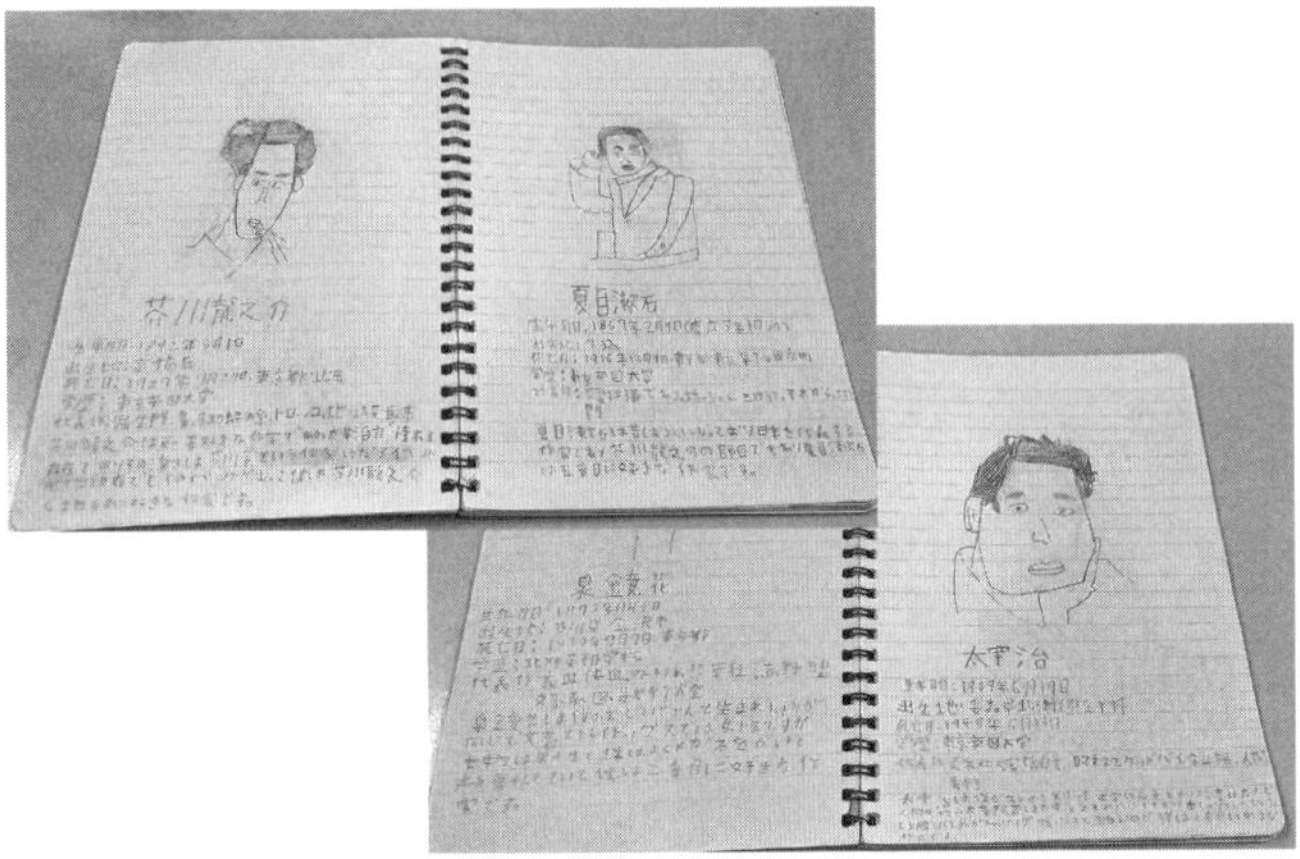

さくらんぼ教室から

小さいころから、まっすぐでまじめながんばり屋さん。今は仕事帰りに社会人クラスに通っています。中学の授業で出会った『走れメロス』（太宰治）で、メロスの情熱に心を打たれ、高校生になって自分から本を読むように。日本の文豪からロシア、フランスの文豪の名著を次々と読破、出会った本は200冊超。文豪への思いが深まり、オリジナルの『作家図鑑』も編纂しました。読書から世界がどんどん広がっています。

●好きだった教科　全教科（どの教科にもおもしろさがある）

●これまでの歩み　小学校（少人数学級）↓中学校（少人数学級）↓高校（特別支援学校）↓就職

丸背留符流巣戸《マルセル・プルースト》さんの声

今はマルセル・プルーストの長編「失われた時を求めて」の10巻を読んでいますが、あと数か月で読み終わる予定です。どの小説もていねいに順番に読んでいくことによって、それぞれのシーンが思い浮かんできます。日本の文豪で好きなのは太宰治、尾崎紅葉、宮沢賢治など……。出会った作家たちの生き方を似顔絵つきで『作家図鑑』にまとめて、たくさんの人に見てもらいました。昔の文豪は、生き方も作品もかっこいいし、情熱を感じます。

会社からの帰りに、国会図書館などいろいろな地域の図書館めぐりを楽しんでいます。読書をするのは夜、ゆっくり読んでいきます。これからも、読書も仕事もがんばります。

保護者の声

小さいころは乗り物や恐竜図鑑が大好きでした。難しい名前をすぐに覚えてしまうなど、好きになると力を発揮するタイプ。なるべく「ダメ」と否定せずに「～してね」という言い方で見守ってきました。活字を好きになったのは、ちょっと想定外でした。最初、「文学作品は彼にはわかりにくいのでは？」と思いましたが、読めない漢字や難しい表現があってもアウトラインはつかんでいるんです。そういう読書の楽しみ方があるということを、彼をとおして発見できました。

礼儀正しくやさしくてまじめなところが長所であり、時に生きづらさでもありますが、本人の個性がよい方向に伸びていくよう、これからも応援していきます。

ぼくだけの鮮やかな世界

MURANOAさん（社会人）

さくらんぼ教室から

小学校低学年からコツコツ取り組んできた努力家。苦手なことともうまくつきあいながら思春期を乗り越え、自分を表現する世界を見つけたMURANOAさん。以前より自分の気持ちを率直に話してくれるようになりました。さくらんぼ教室では、コミュニケーションやビジネススキルを学んでいます。さらにステップアップを模索しているMURANOAさんを応援しています。

- 得意だった教科　歴史（暗記が得意）
- 苦手だった教科　数学・英語
- これまでの歩み　小学校→中学校（通級を利用）→高校（通信制）→大学（芸術学部）→イラストの仕事とアルバイト

MURANOAさんの声

勉強の成績はよくなかったけれど、あまり気にしなかった（笑）。中学生になって絵が好きになり、友だちの「うまい！」「すごい！」をモチベーションにどんどん描くようになりました。高校で美術関係の大学をめざすことを決めて、得意な暗記をいかして勉強しました。

ぼくは、文章を読んで理解することには時間がかかるけれど、漫画やイラストからはすごくリアルなイメージが浮かんでくる、そういうタイプなんだと思います。ぼくの作品も、アニメや映画、音楽と出会ったときに心の中にわき上がってくるイメージで描いています。「自分が描きたいと感じるものを描く」、シンプルですが、それがすべてです。家族の理解と応援があることに感謝しながら、自分の道を探していきたいと思います。

保護者の声

小学生のころ、漢字を覚えるのに時間がかかったので、部首とつくりを分解して教えていました。苦手だった作文も、「いつ」「どこで」……のメモをつくっていっしょに取り組んでいました。もっと語彙を増やしてあげたいと、さくらんぼ教室に行く電車の中で、親子でよく「絵しりとり」をしたことも、なつかしい思い出です。

中学生のころは勉強を教えていましたが、親だとつい言いすぎてしまって。「これではよくない」と、さくらんぼ教室に任せました。でも、高校生になると計画を立てて取り組むようになり、自分の力で大学進学への道を切りひらきました。彼が描く独特の世界が、とても好きです。これからも彼のペースでよいので、前に進んでいってほしいと願っています。

巻末資料

チェックシートは、
コピーしてくり返し使えます。

チェックシート1

「文字を読むこと」「文字を書くこと」

チェックシート2

「音読・文章読解」「作文」

チェックシート3

「聞く・話す・会話」「漢字（読む・書く）」

- 漢字チェックシート 小学1年
- 漢字チェックシート 小学2年
- 漢字チェックシート 小学3年

文字を書くこと

気になるところ☑チェック

- □鉛筆の持ち方が不安定・自己流
- □筆圧が強すぎる・弱すぎる
- □文字をなかなか書きたがらない
- □枠に収めて書くことが苦手
- □文字が雑で読みにくい
- □文字の形や書き順が自己流
- □書きまちがいが多い
- □ひらがなとかたかながまざる
- □授業中にノートをとることが苦手

その他

＼できるチェック／　できる に色をぬりましょう。

ひらがな（五十音）を書く →学び② p.28

なぞって書く できる	写して書く できる	一人で書く できる	単語を書く できる

かたかな（五十音）を書く →学び⑤ p.40

なぞって書く できる	写して書く できる	一人で書く できる	単語を書く できる

濁音・半濁音・促音・拗音などを書く（ひらがな かたかな） →学び③ p.32, →学び④ p.36

なぞって書く できる	写して書く できる	一人で書く できる	単語を書く できる

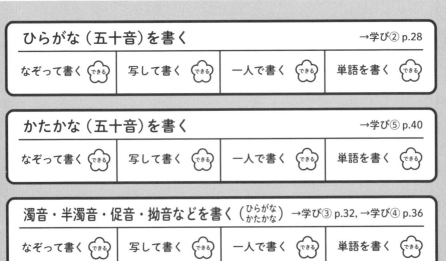

文字を読むこと

気になるところ ☑ チェック

- □ ひらがな・かたかな（五十音）に興味がない・読みたがらない
- □ ひらがな（五十音）をなかなか覚えない
- □ かたかな（五十音）をなかなか覚えない
- □ ひらがな・かたかな（五十音）は読めるが、促音・拗音が読めない
- □ 読むことに、とても時間がかかる
- □ 言葉のまとまりで読むことが苦手
- □ 読みまちがいが多い

その他

＼ できるチェック ／　　できる に色をぬりましょう。

ひらがな（五十音）を読む		→学び① p.24
一字ずつ読む できる	単語で読む できる	文で読む できる

かたかな（五十音）を読む		→学び⑤ p.40
一字ずつ読む できる	単語で読む できる	文で読む できる

濁音・半濁音・促音・拗音などを読む（ひらがな かたかな）		→学び③ p.32, →学び④ p.36
一字・一音ずつ読む できる	単語で読む できる	文で読む できる

作文

気になるところ☑チェック

- □ 言葉がなかなか出てこない
- □ 助詞の誤りが多い
- □ 句読点の使い方がわからない
- □ 順序立ててわかりやすく書くことが苦手
- □ いつも同じパターンでふくらみにくい
- □ 気持ちや自分の意見を考えて書くことが苦手
- □ 想像をふくらませて書くことが苦手

その他

＼できるチェック／

できる に色をぬりましょう。

文を書く →学び⑰ p.88，→学び⑱ p.92

写して書く できる	助詞を使って一人で書く できる	句読点をつける できる

作文を書く →学び⑲ p.96，→学び⑳ p.100，→学び㉑ p.104

順序立てて わかりやすく書く できる	自分の意見や気持ちを入れて詳しく書く できる	読書感想文を書く できる

☆これまでに、どんなテーマで何字くらいの作文を書いたか、メモしておきましょう。（原稿用紙１枚分、400字を基準に）

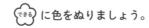

音読・文章読解

気になるところ ☑ チェック

音読

- □ 読むことに、とても時間がかかる
- □ 単語のまとまりで読むことが苦手
- □ 行をとばして読むことがある

読解

- □ 知らない言葉が多い
- □ 設問の指示・意図がわかりにくい
- □ 自己流に解釈しやすい
- □ 記述で答えることが苦手

その他

＼ できるチェック ／　（できる）に色をぬりましょう。

音読 →学び⑪ p.64

一文 （できる）	五文まで （できる）	教科書（　　）年生相当 （できる）

物語の読解 →学び⑬ p.72

（　　）年生相当 （できる）

説明文の読解 →学び⑭ p.76

（　　）年生相当 （できる）

お知らせや生活情報を読み取る →学び⑯ p.84

読み取れる （できる）

漢字（読む・書く）

気になるところ ☑ チェック

読む

- □ 読むことが負担
- □ なかなか覚えられない
- □ 読みまちがいが多い
- □ 熟語で読むことが苦手
- □ 辞書で調べることが苦手
- □ 部首を覚えていない

その他

気になるところ ☑ チェック

書く

- □ 書くことが負担
- □ 書くことに時間がかかる
- □ 書きまちがいが多い
- □ 枠に収めて書くことが苦手
- □ バランスが整わない
- □ 書き順が自己流

その他

＼ できるチェック ／　（できる）に色をぬりましょう。

読む

→学び㉒ p.108

（　　）年生相当まで　（できる）

書く

→学び㉓ p.112

（　　）年生相当まで　（できる）

☆P172〜175の学年別配当漢字（小１〜小３）で、「①読めている漢字」「②手本を写して書ける漢字」「③一人で書ける漢字」をチェックしましょう。

聞く・話す・会話

気になるところ☑チェック

聞く

- □ 聞きまちがい、聞き返しが多い
- □ 周囲の音が気になり聞き取りにくい
- □ 人の話がはやすぎて聞き取りにくい

話す

- □ 言葉が出てきにくい
- □ 話がまとまりにくい
- □ 声の調節が難しい
- □ 気持ちを伝えることが苦手

会話

- □ 自分の話したいことを一方的に話す
- □ 質問と答えがかみ合わない
- □ 自分から話しかけることが苦手
- □ 適切な話題を選ぶことが苦手
- □ 相手の話や気持ちに共感しにくい

その他

＼できるチェック／

できる に色をぬりましょう。

聞く

→学び㉖ p.124, →学び㉗ p.128

正確に聞き取る	できる
全体指示を聞き取る	できる
大事なことを聞き取る	できる

話す

→学び㉘ p.132, →学び㉚ p.140

正確に話す	できる
詳しく、わかりやすく話す	できる
自分の気持ちや意見を伝える	できる

小学1年～3年で習う漢字は、生活の中で使うことの多い基礎的な漢字です。「①読めている漢字」「②手本を写して書ける漢字」「③一人で書ける漢字」の順にチェックして○で囲みましょう。読み書きのバランスを見て、苦手な方のサポートを工夫します。

（シートは、①～③用に、それぞれコピーして使用してください）

☑チェック　□①読めている漢字　□②手本を写して書ける漢字　□③一人で書ける漢字

小学1年　　チェックした日（　　年　　月　　日）

百	町	先	人	耳	五	学	一
文	天	早	水	七	口	気	右
木	田	草	正	車	校	九	雨
本	土	足	生	手	左	休	円
名	二	村	青	十	三	玉	王
目	日	大	夕	出	山	金	音
立	入	男	石	女	子	空	下
力	年	竹	赤	小	四	月	火
林	白	中	千	上	糸	犬	花
六	八	虫	川	森	字	見	貝

（80字）

☑チェック □①読めている漢字 □②手本を写して書ける漢字 □③一人で書ける漢字

小学２年　　チェックした日（　　年　　月　　日）

毎	肉	通	前	場	矢	光	近	角	引
妹	馬	弟	組	色	姉	考	兄	楽	羽
万	売	店	走	食	思	行	形	活	雲
明	買	点	多	心	紙	高	計	間	園
鳴	麦	電	太	新	寺	黄	元	丸	遠
毛	半	刀	体	親	自	合	言	岩	何
門	番	冬	台	図	時	谷	原	顔	科
夜	父	当	地	数	室	国	戸	汽	夏
野	風	東	池	西	社	黒	古	記	家
友	分	答	知	声	弱	今	午	帰	歌
用	聞	頭	茶	星	首	才	後	弓	画
曜	米	同	昼	晴	秋	細	語	牛	回
来	歩	道	長	切	週	作	工	魚	会
里	母	読	鳥	雪	春	算	公	京	海
理	方	内	朝	船	書	止	広	強	絵
話	北	南	直	線	少	市	交	教	外

（160字）

小学３年　　チェックした日（　　年　　月　　日）

昭	拾	式	仕	県	銀	究	開	運	悪
消	終	実	死	庫	区	急	階	泳	安
商	習	写	使	湖	苦	級	寒	駅	暗
章	集	者	始	向	具	宮	感	央	医
勝	住	主	指	幸	君	球	漢	横	委
乗	重	守	歯	港	係	去	館	屋	意
植	宿	取	詩	号	軽	橋	岸	温	育
申	所	酒	次	根	血	業	起	化	員
身	暑	受	事	祭	決	曲	期	荷	院
神	助	州	持	皿	研	局	客	界	飲

（200字）

☑チェック □①読めている漢字 □②手本を写して書ける漢字 □③一人で書ける漢字

小学3年　　チェックした日（　　年　　月　　日）

落	由	平	氷	畑	湯	定	炭	息	真
流	油	返	表	発	登	庭	短	速	深
旅	有	勉	秒	反	等	笛	談	族	進
両	遊	放	病	坂	動	鉄	着	他	世
緑	予	味	品	板	童	転	注	打	整
礼	羊	命	負	皮	農	都	柱	対	昔
列	洋	面	部	悲	波	度	丁	待	全
練	葉	問	服	美	配	投	帳	代	相
路	陽	役	福	鼻	倍	豆	調	第	送
和	様	薬	物	筆	箱	島	追	題	想

学研のヒューマンケアブックス

さくらんぼ教室メソッド
発達が気になる子の「できる」をふやす 国語

2024年10月22日　第1刷発行

著　者　　伊庭葉子　小寺絢子

発行人　　土屋　徹
編集人　　滝口勝弘
編　集　　谷澤亮司
デザイン　　曽矢裕子
イラスト　　坂木浩子　ふらんそわーず吉本　中村頼子
発行所　　株式会社Gakken
〒141-8416　東京都品川区西五反田2-11-8
印刷所　　株式会社リーブルテック

この本に関する各種お問い合わせ先
●本の内容については、下記サイトのお問い合わせフォームよりお願いします。
https://www.corp-gakken.co.jp/contact/
在庫については　Tel 03-6431-1250（販売部）
不良品（落丁、乱丁）については　Tel 0570-000577
学研業務センター　〒354-0045 埼玉県入間郡三芳町上富279-1
上記以外のお問い合わせは　Tel 0570-056-710（学研グループ総合案内）